꿈과 마음을 담아서

꿈과 마음을 담아서

김우종 시와 에세이

프롤로그

경상북도 대구에서 2남 4녀 중 막내로 태어나 일본에서 유학하고 동양화가이자 추상화가이셨던 아버지를 옆에서 지켜보다가 그림이나 글을 쓰시는 것을 흠모하여 따라하다보니 글 쓰는 습관이 몸에 배인 것 같다.

내가 알기로는 '지구촌'이라는 단어를 아버지가 맨 처음 쓰신 것으로 알고 있다.

항상 집밖으로 나갈 때는 운동화끈을 묶으면서 오늘 할 일을 생각하고 메모지와 연필을 가지고 다니면서 생각나는대로 적으라고 하셨고, 집에 왔을 때는 운동화끈을 풀면서 내가 무엇을 했는지를 생각하라 하신 아버지는 나의 우상이셨다.

이제야 아버지의 못다 한 꿈과 내 꿈을 담아서 수년 간 적어 온 글들을 출판하게 되었다.

책 출판에 도움을 주신 많은 분들에게 감사의 인사를 전합니다.

먼저 악필로 적은 글들을 1차 교정 해준 양홍미 님, 글 중간 캘리그라피로 빛을 내주신 아인 캘리그라피 김나연 원장님 글의 소재가 되어준 중부 우리안과, 대전새손병원 그 외 맛집들과 목동 염색방 김지아 원장님, 중앙시장 수 미용실 원장님, 부산 꼼장어 박영화 대표님, 장군닭집 박순덕 사장님, 대복상회 홍주표 사장님, 동학사 감나무집 이상미 대표와 뽀롱이, 식후경 정낙무 사장님과 사모님, 헌혈의집 최숙정 과장님과 선생님들, 동학사 학림사 주지스님, 모두 다시 한 번 감사드립니다.

그리고 내 꿈을 담은 책의 기획부터 편집, 디자인, 출판까지 모두 도맡아 해주신 출판사 이든북 대표님과 직원분들께 깊은 감사와 사랑을 전합니다. 더불어 김우종의 첫 출판책을 사랑해 주시는 모든분들께도 이책을 통해 다시 한번 감사의 마음을 보냅니다. 또한 곧 출판될 자서전소설 『아홉수의 끝』도 많은 관심 부탁드립니다.

2020년 9월 27일
책 출간에 관련된 모든 분들을 생각하면서
글쓴이 김우종

contents

프롤로그 · 004

CHAPTER 01
사랑한다는 말

관심 · 016
후회 없는 인생아 · 018
허몽 · 019
내 심장의 박동소리가 멈추어도 · 020
사랑한다는 말 · 022
내 사랑아 · 023
너를 그리며 · 024
동학사 가는 길에 · 026
변치 않는 마음 · 028
바람향기 · 029
그대 · 030
내가 너를 지킬 수만 있다면 · 031
너와 나 · 033
사랑해도 될까요 · 034
원치 않는 이별 · 035
그대여 · 036

나는 너의 119 · 037
첫사랑 경희 · 038
부모의 마음 · 040
별이 되신 아버지 · 042
미치도록 좋은 걸 · 043
나의 친구야 1 · 044
나의 친구야 2 · 046
친구야 뭐하노 · 047
부모님 사랑합니다 · 050
고향 · 051
니가 뭔데 이래 · 052
가족 · 054
혈육 · 057
가족의 첫 사랑 · 058

contents

CHAPTER 02
나의 별들이

봄이 오는 소리 · 062
참숯 · 063
나의 별들아 · 064
대전에서 송도까지 · 065
봄 · 066
꿈 · 068
곡우 · 069
파도 · 070
추억과 현실 · 071
약속을 못 지킨 2018 · 072
평양냉면 · 073
구름에 가려져 있는 태양 · 075

탈북친구 · 076
새벽시장 · 077
나눔이 헌혈이다 · 078
오픈 샌드위치 데이 · 081
나는 서울 자유인 · 082
소리 질러봐 · 083
2002유미 · 084
사랑은 녹색 신호등 · 086
내안에 네가 둘이라면 · 088
너의 모습 · 090
카사노바의 연인들 · 091

contents

CHAPTER 03
화창한 봄

천일염 · 095
대전새손병원 · 096
우리의 맛 장맛 · 098
김치가 좋아 좋아도 너무 좋아 · 100
대전 효동 부산꼼장어 · 102
고객님 사랑합니다 · 104
미소와 친절(대전중부우리안과) · 107
장군님닭 · 108
신바람 충남 · 110
계룡산 임금봉 · 111
목동 염색방 · 112

화창한 봄 · 114
룸비나 동산 · 115
헌혈 이야기 · 116
감나무집 사람들 · 119
눈 내리는 날 · 120
식후경 · 122
감나무집 뽀롱이 · 125
내가 언니야 · 126
대표는 힘들다, 그 안에서 보람을 느낀다 · 128
수 미용실 · 130

contents

CHAPTER 04
숨겨둔 내 꿈

숨겨둔 내 꿈 · 134
일 분 일 초 · 136
오늘의 운세 · 138
오늘도 바빠 · 139
반성 · 141
좋은 법 우리 법 · 142
바람이 분다 · 143
비 내리는 날 · 144
나는 나 · 146
마음 · 147
가치 · 148
연모 · 149
기다려지는 봄 · 150
열 손가락 · 152
비야 내 마음속에 내리는 비 · 153
장마 · 154

세월 · 155
이젠 그만해 · 156
반달 · 158
황혼의 즐거움 · 159
겨울 바다로 · 160
눈물 이야기 · 162
나도 내가 싫은데 · 163
여명의 아침 · 164
믿거나 말거나 · 166
지구촌 마당이 되자 · 168
세계 속의 한국 · 170
학림사의 종소리 · 171
법을 지키면 · 172

악보 사랑의 녹색신호등 · 174

CHAPTER
01

사랑한다는 말

옆에 있을 땐
못 느끼지 항상 그 자리
그곳에 있을 것 같으니
누구나 한두 번은
겪을 일들이니깐
그리고 후회하지
내가 그리고 우리가 했던
모든 일들이

관심

그대를 생각하면 생각할수록
다시는 돌아올 수 없다는 것을 알면서도
그대를 잊지 못하는 것을
그대를 보내려 떠나보내려 해도
내 가슴 속에서 떠나가지 않는다는 것을
알면서도 그대를
떠나보내지 못하는 내 마음
우리들은 그 시간과 세월 속에서
하루하루를 살아가는 인생이니깐
웃기도 하고 울기도 하면서 살아가니깐
생각나는 대로 생각나는 대로 생각나는 대로
살아가는 나의 인생 이렇게 살아 온 날

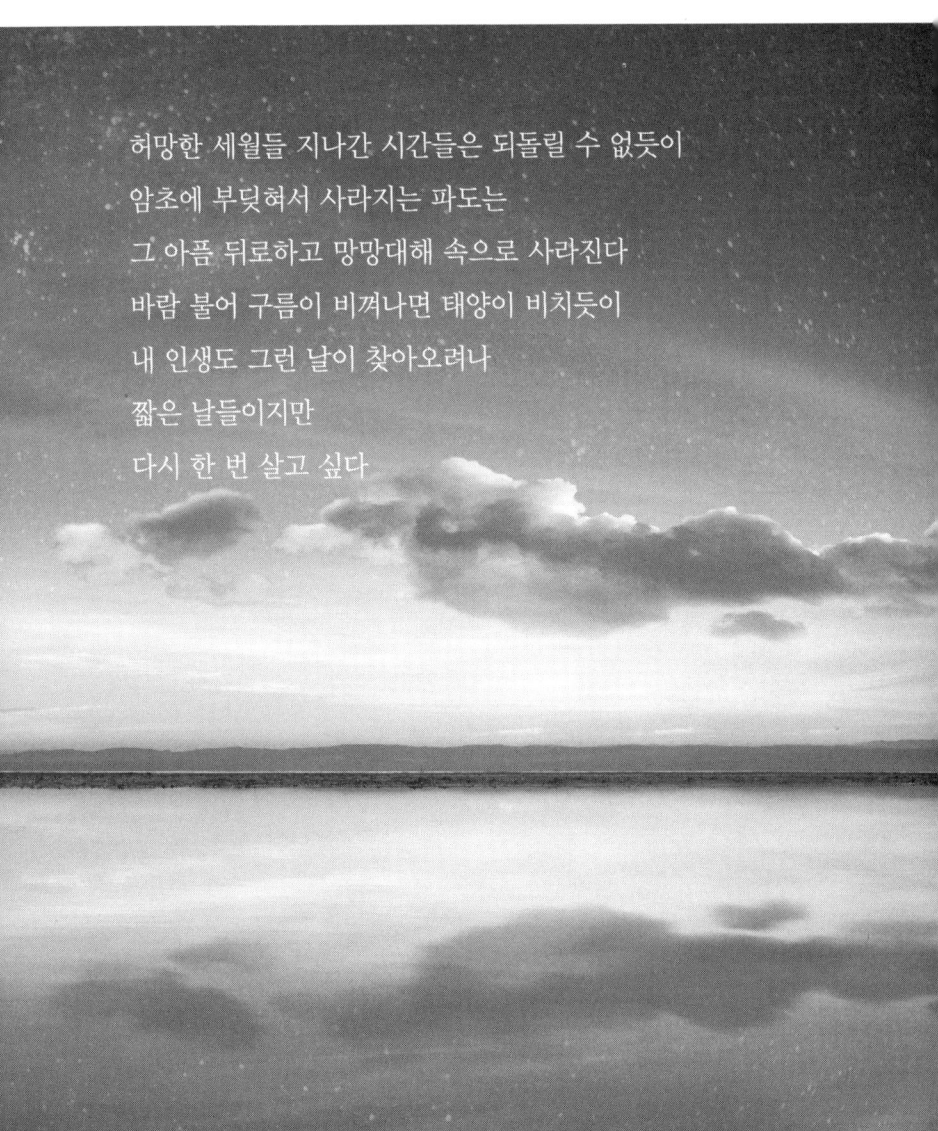

허망한 세월들 지나간 시간들은 되돌릴 수 없듯이
암초에 부딪혀서 사라지는 파도는
그 아픔 뒤로하고 망망대해 속으로 사라진다
바람 불어 구름이 비껴나면 태양이 비치듯이
내 인생도 그런 날이 찾아오려나
짧은 날들이지만
다시 한 번 살고 싶다

후회 없는 인생아

나를 만나서 고생만 한 당신
나보다 더 좋은 사람을 만났더라면
고생 안 했을 당신
그리운 당신이여
지금은 그 어디서 무엇을 하고 있는지
세월을 돌이켜 떠올려본다
소중한 당신을 내 기억 속에
영원히 담아본다
내 가슴속에 영원히 담아본다
당신은 누가 뭐라 해도 내 당신이니깐
폭풍우가 몰아치는 길목에서도 나는 너의 손을 놓치지 않으리
그대는 나의 첫사랑이자 마지막 사랑이니깐
눈보라가 앞을 가려도 나는 당신의 손을 놓치지 않으리
그대가 보이지 않는 세상은 암흑이니깐
우리는 영원히 영원히

허몽

오늘도 나는 이 자리에서 너를 그린다
그리운 너를
깊은 산 속 골짜기 상쾌한 바람 맞으며 너를 그린다
내 마음 속 잊히질 않을 너를 그려본다
봄바람 불면서 우리 님 다가온다네
꽃향기 가득품고
매화 향 그윽한 내 님의 품속이어라
이 봄이 떠나기 전 안아보려 하네
소리 없이 왔다가
겨울 동안 얼어붙은 대지를 푸른색으로 물들이고
조용히 사라지는 봄 우리의 인연도
스쳐가는 세월인가 보다
그 작은 세월 속에 많은 일들이
만들어지고 사라지는구나

내 심장의 박동소리가 멈추어도

잊으려 해도 잊으려 해도
돌이킬 수 없는 그대는 내 당신
가슴속 깊이 새겨진 당신
그대는 내 당신이여
내 심장의 박동소리에
그대 목소리가 들려
내 심장의 박동소리에
그대 숨소리가 들려

잊으려 해도 잊으려 해도
빼앗길 수 없는 그대는 내 사랑
가슴속 깊이 묻어둔 당신
그대는 내 사랑이여
내 심장의 박동소리에
당신 목소리가 들려
내 심장의 박동소리에
당신 숨소리가 들려

우 우 우 우 오늘도 그대는
내 당신이여
우 우 우 우 내일도 그대는
내 사랑이여
아- 아- 아-
내 심장의 박동소리가
멈추어도 영원히

그대는 내 당신
그대는 내 사랑
잊을 수 없는 내 사랑이여

사랑한다는 말

세상에 태어나서 처음으로 사랑한다는 말
그 말은 누구에게 들은 것인가
새삼 생각해 본다
언제였는지 누구일까?
부모님 아니면 다른 가족들
또는 학교생활 중 사회생활 중 만난 여자친구
그 중에 한 사람이겠지
지금 이 시간 혼자인 이 밤에 갑자기
그 말이 듣고 싶다
사랑한다는 말을
오늘따라 너무 힘든 밤이구나
찬바람 불어오는
이 밤이 빨리 지나가고
따뜻한 태양이 새벽을 밝히면 좋겠다

내 사랑아

내 사랑아 지금 어디에 살고 있을까
나는 무슨 말을 못하고 이렇게 살아가는데
내 사랑아 보고 싶고 또 보고 싶구나
너는 떠나기 전 그 모습으로 내 안에 남아 있는데
너를 만나면 하고 또 하고 싶은 말이 너무 나도 많은데
나는 지금 어떻게 해야 하나
나는 나는 누굴 보고 말을 할까
슬픈 내 목소리 누가 들어나 줄까
내 사랑아 눈물이 흐른다
너와 나의 아름답고 행복한 사랑의 여운으로
그리움에 눈물이 흐른다
아- 아 아-
나의 사랑
아- 아- 아-
나의 사랑
내 사랑아

너를 그리며

속삭인다 속삭인다 속삭여 본다
너를 그리며 내 안에
너를 속삭여 본다
그리움에 지친 나는 너를 그리워 본다
저 멀리서 들려오는 메아리로
너를 가져다 본다
내 마음속에 너를 만져본다
그리움에 지친 나는 너를 생각해 본다
내 안에 너를 그리며
하루하루를 살아간다
이제는 나에게 돌아올 수 없는
너를 그리며 지나간 일들을 그리워한다
보고 싶은 너를 그리며 하루하루를 살아간다
이제는 볼 수 없는 너를 생각하면서
숲 속의 책장을 덮는다
산 속의 석양을 묻는다

동학사 가는 길에

대전역 동광장에서 출발하는 107번 버스 기사님은 운전도 힘드실텐데 승차하시는 승객들에게 '오서오세유~'라는 인사 한 마디로 여행의 피로를 풀어주며 대전의 관문 역할을 해준다.
동광장에서의 계룡산 동학사 출발길은 충청도의 정겨움을 느낀 첫 출발이었다.
서울에서 동학사 가는 길에 두 사람은 처음으로 얼굴을 서로 보았고 미소를 지었으나, 마지막 모습이었던 것 같다.

107번 버스를 타고 무작정 찾아온 곳, 여기가 우리의 운명의 시작인가, 너와 나 사랑의 마지막 종착지인가.

어느덧 정신을 차려보니 나홀로 서 있는 이곳 동학사
그대는 떠나고 무심한 세월은 흘러가고 있지만
오늘도 막걸리 한 사발 또 한 사발 들이키며
수많은 등산객들 중 어쩌면 돌아오지 않는 그대를 찾고 있다.
그날의 헤어짐을 떠올리면서 그리움과 애틋함을 묻어둔 미지의 여행길 동학사.

오늘도 퓨전주막 "동학사 가는 길에"에서 막걸리와 해물파전을 곁들여 라이브 음악을 감상하면서 떠나간 너를 생각해본다.

나의 여인이여 너는 정녕 어디에 있는가.
나의 사랑이여 너는 정녕 어디에 사는가.
한번쯤은 동학사 이 길을 둘이서 걷고 싶구나.

* 2016년 12월 2일 그날을 생각하면서

변치 않는 마음

너와 나의 인연의 끈을
놓지 않는 것은
우리의 육체가 멀리 떨어져 있어도
사랑하는 마음의 정신을
같이 한다는 것은
영원히 변치 않는 마음이어라
두 사람이 떨어져
하늘에 있든 땅 위에 살든
연결고리는 하나라는 것에
변치 않는 마음이어라
그 하나의 마음
하나의 정신이어라
서로의 심장 박동 소리가
멈추어도
내 안의 너
너 안의 나
우리는 영원히 함께 가리라
변치 않는 마음으로

바람향기

내 곁을 스쳐가는 바람향기 속에서
떠나간 너의 향기가 난다
민들레 홀씨가 바람을 타고
날아가서 꽃을 피우듯이
너의 향기가 날아와서
우리 다시 시작할 수만 있다면 얼마나 좋을까
바람향기 맡으면서 생각해본다

그대

그대 나를 보면
그대 옛 생각이 나는지요
그대 지금 여기 이 자리에 없는지요
나는 하루 하루
지난 일들을 되새기며
좋았던 그대와의 날들을 떠올리며
살아가고 있답니다
나의 사랑이었던 그대는 어떤지요
나를 생각하고 있는지
오늘은 문득 그대와의
옛 추억들이 떠오릅니다
그대 나의 전부였던 그대여

내가 너를 지킬 수만 있다면

내 심장을 짓누르는 고통이 찾아와도
내가 너를 지킬 수만 있다면
나는 무엇이든 할 수 있다
폭풍우가 몰아쳐서
항구의 배들이 출항을 못한다면
그 바다를 헤엄쳐서 너의 앞에 나타날 것이다
다른 모든 상황들이 내 앞길을 막아도
나는 항상 너의 그림자가 되어 줄 것이다
나는 너의 보안관이 될 거다
어느 누구도 너를 괴롭히지 못하도록

너와 나

너와 나 폭풍우가 몰아치는 날이라도
두 손 꼭 잡고 그 길을 걸어가련다
우리 앞에 힘겨운 날들이 앞을 가로막아도
폭풍우가 끝나고
밝은 햇살이 비치는
그 날에 가시덤불 걸친 황톳길 걸어간다네
너와 나는 미래를 보면서
인생의 계단 한 계단 한 계단 밟고
희망과 미래를 개척해 가자
너와 난 할 수 있다

사랑해도 될까요

나는 나는 아무것도 없는데
그래도 너를 놓아줄 수 없는 것은
순수한 마음뿐인 것을
이것이 사람이라면 좋겠다
너와 나의 사랑이라면
두 사람
아무 조건 없는 사랑
이별 없는 사랑이라면
사랑해도 될까요

원치 않는 이별

약속 없이 우린 헤어졌지
약속 없이 우린 이별했지
우리에게 남은 것은
추억뿐인가
우리에게 남은 것은
눈물뿐인가
아- 아- 아-
우리들의 이별은 원치 않는 이별이어라
누구도 생각하지 못한 이별이어라

그대여

오늘도 살아가고
내일도 모레도 변치 않을
그대를 생각하니 떠나가는 내 마음
다시 돌아와도 변치 않을
그대라는 것을
확신한다는 것은 나의 신념일 것이다
항상 변하지 않을
그대여 잠시 먼 길을
다녀와 항상 그 자리를 지켜줄
그대라는 것을

나는 너의 119

내가 필요하다면 24시간 365일 앞으로 남은 너의 인생의 119가 되어서 연락이 오면 언제든지 달려갈 거야. 나는 너에게 그런 사람이 되고 싶다. 이 징글징글한 코로나19와 지긋지긋한 54일간의 기나긴 장맛비가 우리 두 사람을 막아서도 나는 너에게 꼭 필요한 사람이 되고 싶다. 언제나 전화 오면 달려오는 119처럼, 그래서 119에 전화 걸면 달려가는 소방관은 당연히 나야 나.

첫사랑 경희

보고 싶다 경희야 어디 있니 무엇을 생각 하고 있니
너와 보냈던 학창시절 그 추억이 그립구나
이렇게 첫 눈이 내리면 더욱 더 보고 싶다
너의 모습이 떠오른다
태릉 스케이트장에서 손잡고 탔던 스케이트도
크리스마스이브의 둘만의 미사와 둘만의 밤샘도
너와 나만의 기억이겠지
우리 둘만의 기억이겠지
어느 날 난 한 겨울의 너와의 만남을 뒤로 하고
입대 영장을 보여주고 경희 너와의 이별을 이야기했지
그 때는 왜 그랬을까 내가 너무 어렸고
너와 나의 미래가 두려웠을까
이 못난 나 때문에 많이 아파했지
세월이 지나서 군 제대 후 통화도 했지만
그 통화가 너와 나의 마지막 목소리가 될 줄은 몰랐지
경희가 만나자 했지만 나는 싫다했지
너는 예전의 경희가 아니니깐
동생한테 친구들한테 이야기 듣고 많이 후회하고 많이 울었다

경희야 너와 가진 추억들은 그저 추억으로 끝난 것일까
나의 첫 사랑 이야기일 뿐일까

어디에서 무엇을 하든지 살아있길 바란다
너의 동생한테 네가 많이 아프다는 이야기 들었다
내가 보고 싶다는 이야기도
하지만 난 만날 자신이 없었다
미안하다 경희야
너와 내가 인연이라면 한 번쯤은 스쳐지나 가겠지
세월이 아무리 흘러도 첫 사랑 경희는 알아보겠지
너와 나는 알아보겠지
옷깃만 스쳐도 인연이라 했는데
이승에서의 인연이 끝이라면
저승에서 만나자 내가 용서를 빈다
사랑하는 나의 경희야
보고 싶다 경희야

부모의 마음

당신은 나에게 주었지 조건 없는 사랑을
나는 그 사랑 이유 없는 사랑이라 망설이며
받아들이지 못했지 세월이 지난 뒤에 나는 알았지
그 사랑은 아낌없이 주는 사랑이라는 것을
이제는 후회해도 소용없네 사라져간 그 사랑을
아-아 그 깊은 사랑을 어디 가서 찾아볼까
아-아 그 넓은 마음을 어디 가서 느껴볼까
세월이 흘러가서 내가 그 자리에 있을 때
나는 알아버렸네
그 때 그 사랑을 조건 없는 사랑을
나는 알았네
조건 없는 그 사랑은 천륜이 맺어준 사랑이라는 것을
내가 느꼈을 때 나에게 조건 없는 사랑을 준
그 사람이 떠나가신 뒤였지
돌아올 수 없는 길을
이제는 알았네 그 사랑은 내리사랑이라는 것을
아- 아 그 깊은 사랑을 어디 가서 찾아볼까
아- 아 그 넓은 마음을 어디 가서 찾아볼까

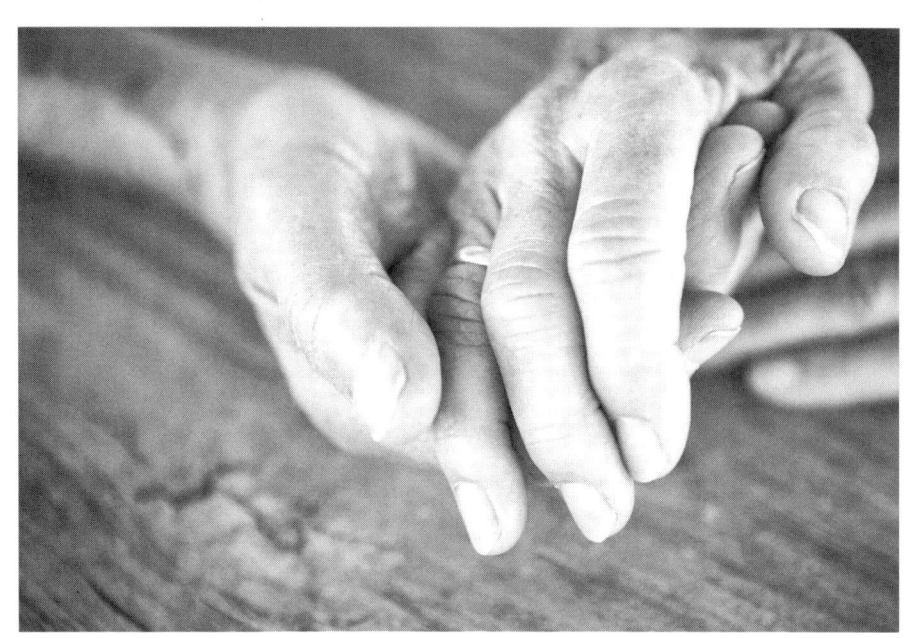

부모님의 조건 없는 사랑을
부모님의 이유 없는 사랑을

* 꿈속에서 나타나신 어머님을 생각하며

별이 되신 아버지

나의 절친 장인어른께서 자식들과 아내를 위해서 평생 일만 하시다가 얼마 전 세상을 등지시고 하늘의 별이 되셨다. 나의 절친 아내는 35년 전이나 지금이나 한결같은 사람이다. 별이 되신 아버지의 품성을 닮아서 부지런하고 가족들 잘 챙기고 나의 큰 누나처럼 주위를 잘 챙긴다. 그러니 걱정 마세요, 홀로 남겨지신 어머니는 새벽잠을 뒤척이시며 먼저 가신 아버지를 그리워하시지만 아버지 어머니 다시 만나시는 그날까지 잘 모실 것입니다.

별이 되신 아버지께서도 그곳에서 어머니 잘 밝혀주세요. 자식들은 항상 부모님을 생각하며 살아가겠습니다. 평생 일만 하셨으니 그곳에서는 편히 쉬세요. 사랑하는 나의 아버지.

* 2020년 9월 2일 태풍으로 폭우가 내리는 동학사에서 사랑하는 태성과 부부를 생각하면서

미치도록 좋은 걸

사랑은 너와 나 꿈 많던 시절의 추억인가
사랑은 너와 나 꿈 많던 시절의 행복인가
그 시절 추억들 그 시절 행복은
다시 올 수 없는 걸까
너와 나 사랑 이야기 나누었던
그 시절 너와 나로 돌아 갈 수 없는 걸까
아름다운 너의 눈망울이 내 가슴 속에서 피어난다
행복했던 나의 모습들이 영화 속처럼 보고 싶다
이렇게 좋은 걸 미치도록 좋은 걸
너에게만 이야기 하는 그 시절 그 거리들
팔짱 끼고 미소 짓던 너의 얼굴이
이제는 기억 속에 사라지나
너와 나의 사랑 이야기 이제는 추억인가
너와 나의 사랑 이야기 이제는 끝난 건가
이제는 그 사랑 꿈속에서 만날 수 있나
아- 아- 너와 나의 사랑이야기가

나의 친구야 1

친구야 어디 있니
내 소중한 친구야
친구야 어디 있든
내 이야기 들어봐
너를 사랑하는 친구 이야기잖아
친구야 좋은 약도 오래 복용하면 몸에 해롭다

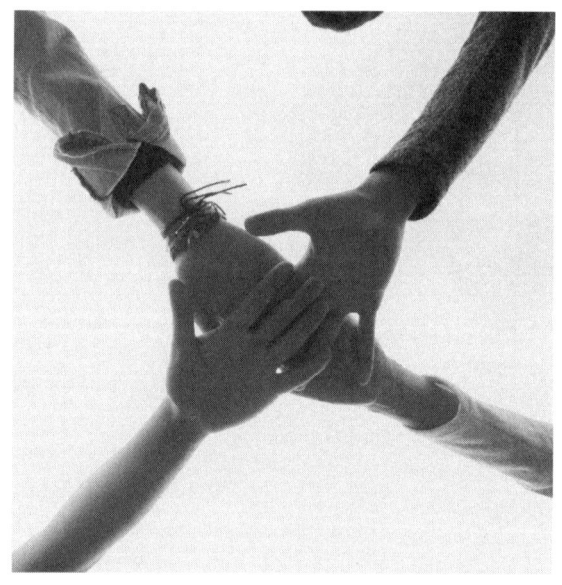

친구야 알고 있지

약은 약사에게 진료는 의사에게

마약은 너의 신체에 너의 정신을 망쳐버려

친구야 무엇이든 처음이 중요해

유혹에 빠지지 마 너는 뿌리칠 수 있어

나는 너를 믿어

우린 친구이니깐

주위를 돌아볼래

너와 내가 도와주어야 할 친구가 있는지

건강한 가정 행복한 미래를 위해서 유혹은 뿌리치고

견딜 수 없이 괴로우면 가족을 생각해

가족은 친구를 버리지 않아

언제든지 이야기해 우리가 도와줄게

우린 가족이야

우린 친구이니깐

나의 친구야 2

세상이 다 변한다 해도
내가 먼저 변한다 해도
너 만은 변할 줄은 몰랐다 사랑하는 나의 친구야
누-가 알-아 나의 마음
너를 향한 내 마음
세상 끝이 왔다 해도 나는 변치 않아
세상사 모든 일들이 우리를 갈라놓아도
나의 마음은 변하지 않아 친구야 걱정 마
힘든 세상살이가 너를 변하게 만들었어도
하지만 믿고 싶다
우리의 우정 우리의 사랑을 어렵고 힘든 일들을 같이 나누었던
나의 친구야
지금 너는 어디에 있니
나의 마음속에 있니 아님 저 멀리
하늘나라에 있니 보고 싶다 내 친구야
어디에 있든 그 마음 변치 말자
사랑하는 나의 친구야
세상이 다 변한다 해도
내가 먼저 변한다 해도

친구야 뭐하노

 이놈들 다 무엇하고 살고 있는지. 고교 동창 오인방들 저마다의 삶들은 개척하면서 살고들 있겠지. 우리 오인방은 각자의 성격들을 갖고 있지만 학교와 밖에서는 누구하나 흠잡을 것 없는 멋진 친구들이다. 그 친구들의 부모님들도 우리들을 하나같이 아들처럼 여기시고 예뻐해 주셨다. 태성이 엄마는 시원한 성격이시고 고스톱을 참 좋아하셨고 나의 군대 휴가 때는 우리 집보다 먼저 찾아가서 인사드리고 휴가 내내 태성이 집에서 보낸 기억들이 생각난다. 정재엄마는 반찬의 신, 친구들 어머니 중에서는 내가 생각할 때는 최고다. 특히 깍두기는 타의추종을 불허한다. 승식이 엄마는 기분파다. 친구들 누구에게도 화끈하다. 사업하시느라 바빠서 집에도 못 오시고 승식이가 해달라는 것은 다해준다. 옆에서 보살펴주지 못하니 우리들은 알게 모르게 순수한 마음으로 아주 조금조금 이용했던 것 같다.
 이글을 쓰면서 생각하니 죄송하다. 어머니 죄송합니다, 지금이라도 사과드립니다. 그리고 아직까지도 소식을 모르는 최철, 우리들 중 가장 공부도 잘한 우리 철이는 어디에서 살고 있을까. 철이 엄마는 그냥 말없이 묵묵히 사시던 이 시대의 최고의 여성상이셨는데 갑작스럽게 하늘의 별이 되셨다.

　교교시절 내내 양념같은 친구 김영근 순수하고 의리가 넘쳤던 것이 기억에 남는구나. 영근아 너도 또 보자꾸나, 우리들에겐 없어서는 안 될 양념 같은 내 친구야!

우리 친구들도 장례 모시는 내내 같이 자리하고 처음 맞는 친구어머니의 장례를 엄숙히 치렀던 기억이 새삼 생각난다. 그리고 각자의 아버지들은 자식들을 위해서 묵묵히 가정이라는 짐을 양쪽어깨에 지고서 한 걸음 한 걸음씩 나아가셨다. 나는 2남 4녀의 막내로 태어나 불소불의의 권력으로 살아왔다. 해보고 싶은 것은 다해보고 지금은 이렇게 계룡산 동학사에서 삶의 터전을 잡고 시도 쓰고 소설도 쓰면서 작사도 하고 아버지 예술의 피를 조금 이어받은 것 같다. 좋은 건지 나쁜 건지 자꾸 글들이 떠오른다. 나의 엄마는 그 시대의 최고의 여성이다. 대구 경북여고 그 당시는 서울대보다 알아주었다고 한다. 엄마 동창들과 그분들의 낭군님들 중 유명하신 분들이 많이 계신다. 엄마는 막내 매형 생일날 퇴원을 며칠 남겨두고 심장마비로 세상을 등지시고 하늘의 별이 되셨다. 나에게는 첫 번째 시련의 시작이었다. 보고 싶은 어머니 그리고 아버지 나의 친구들아 언젠가는 다들 한자리 모여서 그동안 살아온 날들을 이야기할 수 있겠지. 그때까지 모두 다 안녕하기 바란다.

부모님 사랑합니다

불어오는 바람 따라 머나먼 길 떠나신
아버지 나의 아버지
홀로 남겨지신 어머니는
새벽녘 뒤척이며
잠 못 이루시는 날들이 많아지신 듯
홀로 두고 떠나가신 아버지를 못 잊어 하십니다
아버지 하늘나라에서 어머님 지켜보아주시고
부모님 다시 만나는 그날까지는
저희가 잘 모시겠습니다
사랑하는 나의 부모님
항상 그대들을 생각합니다
그 곳에 계시든 이곳에 계시든
부모님은 나의 부모님 사랑합니다.

고향

지난 날 태어난 고향을 떠나올 때
세월 무심함을 몰랐는데 돌이켜 뒤돌아보니
허망한 날들이어라
앞으로 다가올 날들도 스쳐지나가는 인생인가 보구나
인생은 공수래공수거 이래저래 생각해도 맞는 말이로구나
아- 아-
떠나온 고향 내 고향이 그립고 그립도다
나 죽어 고향 산천에 한줌의 가루가 되어서라도
돌아가리라
하늘에 흩날리면 바람 따라
강물에 뿌려지면 물 흐름 따라
흘러가리라
내 고향 그리운 고향으로

니가 뭔데 이래

이래라 저래라
이런 간섭 저런 간섭
니가 뭔데 이래
하루하루 살아가는 것도 힘든데
오늘도 포기하고
내일도 포기하고
그러려니 하면서
오늘 하루도 버티고 있는데
너까지 이래라 저래라
아무것도 안 보이는
터널 속 같은 내 인생
그만 좀 내버려 둬
한치 앞도 안 보이는 나의 미래
그만 좀 간섭해
나 잘되라고 하는
너의 말들 알고는 있지만
그만 좀 내버려 둬
니가 뭔데 이래

가족

 나는 가족이라는 두 글자만 들어도 생각이 난다.
 행복함의 극치였던 나의 형제와 가족들과 친지 분들, 다들 잘 살고들 계시겠지 형제들은 부모님 작고하시고
  저마다의 가정을 지키기 위해 전국 각지로 흩어져서
  그들만의 울타리 안에서 살고 있다.
 나만의 욕심이었을까 그들의 자만감이었나 아직도 풀리지 않는 수수께끼다.

어디서부터 꼬인 실타래인지 그렇게 흘러간 세월이 20년 남짓이다.

참 안타까운 날들이다.

내가 보고 싶은 만큼 형제들도 나를 가끔씩 생각할까, 한 번쯤은 궁금해진다. 헤어진 그 기간 동안 셋째, 넷째누나가 혈액암과 췌장암으로 하늘나라로 가셨다.

나에게는 좋은 누나들이었는데 물론 큰누나도 둘째누나도 형도 다들 좋은 형제들이었지만

내가 얼핏 듣기로는 큰누나는 유성, 둘째누나는 원주, 형은 고향인 대구에 사시는 걸로 알고 있다.

여섯 형제 중 이제 넷만 남았구나.

그 넷이 만날 날이 있을까.

나 자신 되물어본다 보고 싶은 나의 형제 가족친지들 먼저 머리를 숙이고 다가가고 싶은 마음도 있지만 그 동안 헤어져서 살아온 세월과 자존심이 허락하지 않는다.

주위에서는 가족들 간에 자존심이 어디 있냐며 한번 찾아가 보라 하지만 왠지 싫다.

진심으로 내가 무엇을 잘못했는지 아직도 모르겠다.

그냥 가끔 술 한 잔 들어가면 생각이 난다.

보고 싶기도 하고 다들 성장해서 사회생활과 가정들을 꾸리고 자녀들까지 둔 조카들도 손자 손녀들도 보고 싶지만 그들에게 다가가기가 아직까지도 나 자신 쉽지만은 않다.

자꾸 만남의 날들이 늦추어지지만 지금은 그렇다. 나 죽기 전에는 한 번 볼 수 있겠지. 서로가 허심탄회하게 이야기 해볼 수 있겠지. 오늘도 술잔을 기울이며 그날을 기다려본다.

* 하늘나라가신 막내누나 생일날 누나를 그리면서…

혈육

왜 왜 왜
찾아 오셨나요?
혼자 두고 가실 때는
미련 없이 다들 가셔놓고
세월이 지나가니
제가 생각났나요?
이렇게 갑자기 나타나시면
어떻게 하려고요
아직 이곳에 못다 한 일들이 있는데
십년 아니 오년만 있다가 가면 안 될까요?
살고 싶은 욕심은 없는데
못다 한 일들 있어 미련이 남아요
먼저 가신 나의 혈육들이여 기다려주세요
이렇게 죄를 짓고는 못 가겠습니다
부탁입니다

가족의 첫 사랑

예쁜 딸 양희야 엄마의 첫 사랑은
그 당시 미래가 밝아보였던 나였고
아버지 첫 사랑은
예쁜 딸 내 새끼
물론 병원에서 예쁜 딸이
세상에 나올 때는 첫 경험이라 어리둥절해서
외할머니랑 엄마한테 잘못했지만
그래도 아버지
첫 사랑은 예쁜 딸인 것은 변함없단다
물론 첫 사랑을 낳아준
엄마도 영원한 사랑이지
사랑의 결실로
태어난 예쁜 딸이니깐

CHAPTER
02

나의 별들이

안마당 담벼락엔
빨간 장미넝쿨 달님이 쳐다보며 방긋 웃는다
그 모습 시샘하듯
구름이 달님을 가리네
서운한 마음 달래기 위해 옆에서 지켜보던
바람이 구름을 밀어 버리네
우리 집 안마당 장미넝쿨은

봄이 오는 소리

애들아 귀 기울여 봐 창가에 서서
동장군 물러가고 봄이 오는 소리가 들리는지
희망의 새싹이 피어나는지
답답했던 겨울 가고 초록 빛깔 물들 봄이 오는지
바쁘게 움직이며 살아갈 우리들
이제는 펼쳐보자 봄의 향연을
생각했던 일들을 하나씩 하나씩 만들어 가자
그런 희망의 봄이 왔으니깐
애들아 달려 보아라! 문 밖에 나가
겨울 외투 벗고서 오는 봄을 맞으러 달려가자
봄바람 향기가 다가오는지
움츠렸던 겨울 가고 희망 새싹 피는 봄이 오는지
생기가 넘쳐나게 살아갈 우리들
이제는 느껴보자 봄의 향기를
계획했던 모든 일 한 걸음 한 걸음 다가가자
그런 희망의 봄이 왔으니깐

참숯

타오르는 참숯의 불길 속에
내 몸을 적셔본다
그리고 내 삶의 모든 과거를 참숯의 불길 속에
태워버린다
앞으로의 일들만을 생각하며
참숯을 태운다

나의 별들아

어둠이 오면 하늘을 보라
별들이 보인다
수많은 별들이 밤하늘에서
장관을 이룬다
각양각색의 모습과 색깔과 운명을 안고
저마다의 운명을 안고
태어난 별들의 외침 속에
우리는 꿈을 꾼다
희망을 품는다
행복을 기약한다
미래의 내 모습을 상상하게 한다
밤하늘에 떠 있는 별들을 보면서
오늘 밤도 꿈을 품고 꿈을 꾼다

대전에서 송도까지

가보자~ 가보자~ 송도로
여인아~ 여인아~ 고맙다
나를 이끌어준 여인아

대전에서 송도까지가
어언 오십 년이 지났다
엄마가 생각난다
엄마가 그립다
비 내리는 송도에서 엄마를 떠올린다

보고 싶은 나의 엄마가 비 내리는
송도 파도가 밀려오는 해변에 서 있다

눈물이 흐르는 송도
고마운 나의 여인아
해맑은 나의 여인아 언제 다시 찾아올까
나의 송도여 언제 다시 찾아올까

봄

성급한 목련이
봄을 재촉하듯이 꽃을 피우고
개구리도 시샘하듯
개울가에서 기지개를 펴고
물장구를 치는 것을 보니
경칩이 오늘이구나
새삼 느낀다
이렇듯 자연은 언제나 때가 되면
계절을 바꾸고
우리네 마음들도
어느덧 봄의 향연에
동참하는구나

이렇듯

자연은 때가 되면 계절을 바꾸고

꿈

나누어 가질 수 없는
우리들의 꿈 이야기
언젠가는 이야기 할 수 있을 거야
우리네 심장 속에
피어나는 한 송이 붉은 장미처럼
막 피어나는 꿈인 것을
나의 꿈 너의 꿈은
어떤 것인지
궁금한 세상살이인 것을
개개인의 꿈속에서 느껴보자

곡우

계룡산 임금봉을 창문 너머 바라보니
먹구름이 뒤덮으면서 비가 내리고 있구나
풍년을 기원하듯이 지구촌에 불어닥친
코로나19라는 바이러스가 멈출 줄을 모르고
오대양 육대주를 옥죄이고 있지만
24절기 중의 하나인 곡우에 내리는 비가
코로나의 지친 우리들의 마음을 달래주고 있다

이 비가 그치고 나면 농사는 풍년이 되고
몹쓸 바이러스는 비바람에 날려서
사라지기를 기원하며 두 손 모아본다
지구촌 오대양 육대주가 시계초침처럼
일정한 간격으로 움직이듯이
째깍 째깍 정상적으로 돌아오기를~~~

파도

파도가 치는 것은 외로운
나의 마음 달래주는 것
바람이 나에게 전하는 것은
기다리지 말라는 것
밤하늘 구름이 전하는 것은
이 밤이 지나면
찬란한 태양이 구름을 헤치고
떠오른다는 것
세상사 모든 것은
돌고 돌아 제자리라는 것을
가르쳐주는 것이다

추억과 현실

바람에 이끌려가네
머나먼 길로
시간아 그냥 지나가지 마
당신과의 추억이 잊혀질까
흘러가는 시간을 멈출 수 있다면
머나먼 길 떠나지 않도록
세월아 시간아 멈추어다오

약속을 못 지킨 2018

한 해의 시작은
그래, 이번에는 해보자였는데
무심하게 한 해가 또 저문다
아무것도 해놓은 것이 없는데
바지 틈 왼쪽 주머니 오른쪽 주머니에도
아무것도 없구나
그런데 일 년 동안 수백 번 떠오르고 수백 번 진
태양은 아무런 일 없듯이
2019년 기해년 태양이 떠오를 준비를 하고
우리들은 두 손 모아 기도를 준비한다
각자의 꿈과 미래를 위해서 되풀이되는 날들이지만
오대양 육대주 지구촌 우리들은
그래도 희망의 끈을 놓지 않을 것이다

평양냉면

평양 평양 평양 통일 길잡이
평양냉면 냉면은 냉면은 가위로 잘라서 먹으면
냉면의 품위를 떨어뜨리고
남과 북 북과 남이 하나가 되듯이
평양 평양 평양냉면
통일 면 한 젓가락으로
후르륵 후르륵
맛 좋은 평양냉면
남과 북
북과 남
한 줄기 냉면처럼 하나가 되리라
그 이름 평양냉면
남녀노소
누구나 사랑하는 통일면 되리라

구름에 가려져 있는 태양

태양을 보자
태양을 보자
새벽녘 떠오르는 일출을 보자
폭풍 속에 가려져 있는
태양을 보자
우울함 속 비구름은
찬란한 태양이 떠오르기 전의 미명일 뿐이다
어스름한 구름 뒤에는
우리의 미래인 태양이 기다린다

탈북친구

멀리 멀리 돌아왔네
가까운 남쪽으로 삼천리 우리강산
어디에나 한 핏줄들 무엇이 그리 힘들어
이쪽으로 발길을 돌렸나
잘 왔다 잘 왔네 북쪽의 친구들이여
우리 같이 한 번 살아봅시다 잘 살아봅시다
그대들이 힘들어하는 것 다 같이 나누어 가지세
우리는 한 민족 한 핏줄이니깐
슬픔도 기쁨도 같이 합시다

새벽시장

우리들은 알고 있나
새벽시장을 농수산물을 유통하는 새벽시장이 아니라
다른 새벽시장을 365일 4계절 관계없이 장이 있다는 것을
그것이 인력시장이라는 것을
우리 대한민국 건설현장에서 꼭 필요한 새벽인력시장을 등록금이나 생활비를 부모님께 손 벌리지 않으려 마련하려는 대학생들, 직장을 잃고 또 사업에 실패하고 가정을 지키기 위해서 새벽인력시장에 나간다
하지만
건설경기가 안 좋아서 허탕치는 일이 부지기수다
그럴 때 느낀다 세상 살아가기가 참 힘들다
그래도 다음날 또 나가본다
가족의 생계와 나 자신을 위해서
또 다른 새벽시장을 헤매고 헤맨다.

나눔이 헌혈이다

세상은 하나의 끈으로 연결되었다
이런 것들이 사람들이 살아가는 힘인 것 같다
그래서 생각해 본다
나눔의 가장기본은 헌혈
헌혈 그 자체인 것 같다
우리들 주위에는 나눔의 헌혈로 본인도 기쁨을 느끼고
받는 이들은 생명을 다시 받는다
새롭게 태어남을 받는 헌혈 나눔의 헌혈
우리 모두 실천하면 좋겠다
우연한 기회에 헌혈에 참여한 나
헌혈하고 기다리는 2주가 너무 너무 기다려진다
우리 모두 헌혈 할 날을 기다리는 그런 사람이 되자

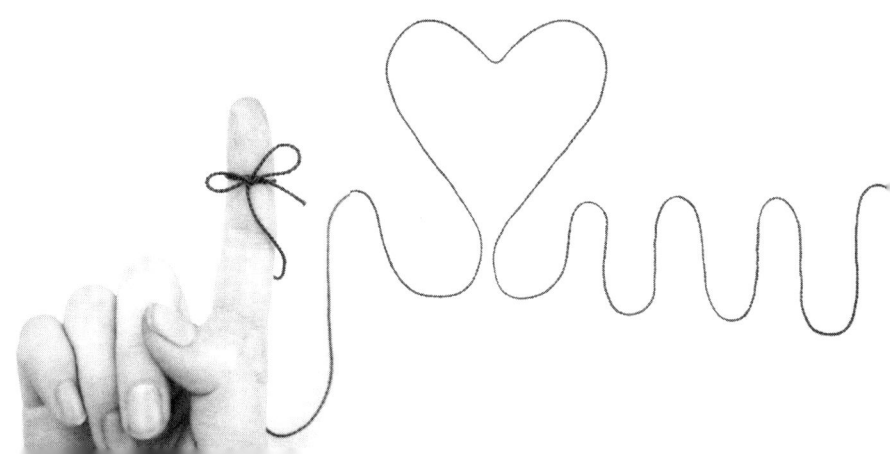

오픈 샌드위치 데이

기다린다 기다려 월 화 수 목 금 토 일
일주일을 기다린다 일요일 아침을 기다린다
그 날은 오픈 샌드위치 데이
그 맛을 못 잊어서 손꼽아 기다린다 오픈 샌드위치 데이
매일 매일 생각나고 먹고 싶지만
우리는 일주일에 딱 한번 딱 한번이야
아쉽지만 우린 좋아
그래도 좋아 오픈 샌드위치 데이
일요일은 셰프의 손이 가는대로
골라 넣는 토핑들 순서 없는 그 토핑 그 맛에 취해서
월 화 수 목 금 토 일 일요일을 기다린다
훈제치킨, 참치, 떡갈비, 샐러드 다양한 토핑들로 가득 찬
오픈 샌드위치와 커피 한 잔의 만남을 오늘도 추천한다
월 화 수 목 금 토 일 일요일을 기다린다
우리들은 기다린다
오묘한 맛과 정이 넘쳐나는
오픈 샌드위치 너도 한 입 나도 한 입 모두가 기다리는
일요일 오픈 샌드위치 데이

나는 서울 자유인

어디에나 있는 스타일은 싫어
어디에나 있는 멋쟁이는 식상
나는 서울을 사랑하는 서울 freeman
나는 꿈과 희망과 미래가 있고
배려를 아는 서울 freeman
만남과 이별이 공존하는
남산 타워와 북촌과 안국동 한옥을 사랑하고
북한산 인수봉에 올라가서
서울을 내려다보면서 소리치며 호통하는
나는 서울 freeman
인사동 그림 한 점을 감상 할 줄 알고
황학동 골동품 가게를 누빌 줄 알고
세종문화회관 공연도 감상 할 줄 아는
나는 서울 freeman
스타일과 멋쟁이도 중요하지만
대학로 젊은이의 거리와
홍대 클럽 문화도 즐길 줄 아는
나는 서울 freeman

소리 질러봐

마음속의 소릴 질러봐 내 마음속의 소릴 질러봐
내 안의 너의 모습 비추어 지듯이
세상 모든 것들을 향해 소릴 질러봐
나에 대한 너의 마음 받아 달라고
나에 대한 너의 사랑 받아 준다고
세상은 너의 편 내가 생각하는 모든 것들은
다 이룰 수 있는 곳
세상은 편견 없이 모든 사람들에게
꿈과 희망과 미래를 안겨주는 곳
그런 세상을 향해 소릴 질러봐 고맙다고
그런 세상을 향해 소릴 질러봐 믿는다고
우리가 생각하는 모든 것들을 이룰 수 있는 곳
세상을 향해 고맙다고 믿는다고 소릴 질러봐

2002유미
… 주문을 걸어

지나간 과거사는 이제는 잊어버려
다가올 너의 미래를 위해
언제나 바래왔던 너의 꿈을 생각해
너가 이루고자 했던 너의 꿈을
어두운 얼굴은 하지마 미소 짓던 너의 얼굴이 좋아
고개 숙인 모습은 싫어 당당하던 너의 모습이 좋아
힘들 땐 주문을 걸어 2002유미 그때를 생각해
항상 밝은 미래를 생각해 포기하려 하지 마
내가 지금 있는 이곳이 너의 자리야
2002유미 그 자리를 지켜 너의 자리야
너가 힘들 땐 2002를 생각해 주문을 걸어
그 때는 몸은 힘들었어도 마음은 즐겁지 않았니
지난일은 잊어버려 그냥 악몽을 꾼 것이니깐
이제 다시 시작이야 너의 자리를 지켜
좋은 일만 생길거야 너의 자리를 지켜
좋은 일만 생길거야 주문을 걸어 2002유미
이것이 너의 시작이야

주문을 걸어
노래하는 이곳이 천국이라고
너를 보는 이곳이 천국이라고
아름다웠던 일들만 생각해
너의 얼굴에 광채가 빛날 거야
웃는 얼굴만 생각해 너의 미소에
행복이 넘칠 거야
행복할 날 만 기억해 사랑이 넘쳐난 곳이 천국이야
노래하는 곳이 천국이야

사랑은 녹색 신호등

사랑은 녹색 신호등 아무도 막지 못하니
사랑은 녹색 신호등 누구나 갈 수 있는 길
사랑은 언제나 직진이야 신호가 바뀌기 전엔
사랑은 언제나 직진이야 빨간불 켜지기 전엔
지나가는 차들은 신호가 바뀌면 멈추지만
사랑의 신호등은 꺼질 수 없어
사랑의 신호등은 멈출 수 없어
사랑은 언제나 가슴이야
사랑의 심장은 멈출 수 없으니깐
녹색 신호등은 희망이야 항상 직진이야
우리들 사랑이 힘들어 질 때 녹색 신호등을 생각해
너와 나 사랑에 빨간 신호등이 켜져도
시간이 흘러가면 신호등 색깔은 바뀌어 지니깐
사랑은 녹색 신호등 아무도 막지 못하니
사랑은 녹색 신호등 누구도 갈 수 있는 길
서로가 좋아지면 사랑이 되는 거야
서로가 이해하면 사랑이 되는 거야
우리는 그런 사랑 원해
우리는 이런 사랑 원해

그래서 사랑은 녹색 신호등
너와 나 사랑은 직진이니깐
마음이 흔들이면 신호등을 봐
시간이 흘러가면 신호가 바뀌니깐
그래서 사랑은 녹색 신호등

내안에 네가 둘이라면

보고 싶다 경희야 친구야
경희야 뭐하니 친구야 뭐하니
그냥 한 번 불러본다 경희이니깐 친구이니깐
나에게 너의 모습 담아 볼까
너에게 나의 모습 담아 볼까
내 안에 너 있다면 넷도 말고 셋도 말고
딱 둘만 있으면 좋겠다
그냥 좋겠다 그냥 좋겠다
한 사람은 친구이고 한 사람은 애인이면 좋겠다
너가 어디에 있든 항상 내안의 너를 물어 볼 수 있으니깐
경희이게 궁금한 것은 친구에게 물어보고
친구에게 궁금한 것은 경희에게 물어보고
얼마나 행복할까 내 안에 너 있다면
얼마나 행복할까 너 안에 나 있다면
이것도 물어보고 저것도 물어보고
애인한테 못한 말 친구에게 물어보고
친구한테 못한 말 애인한테 물어보고

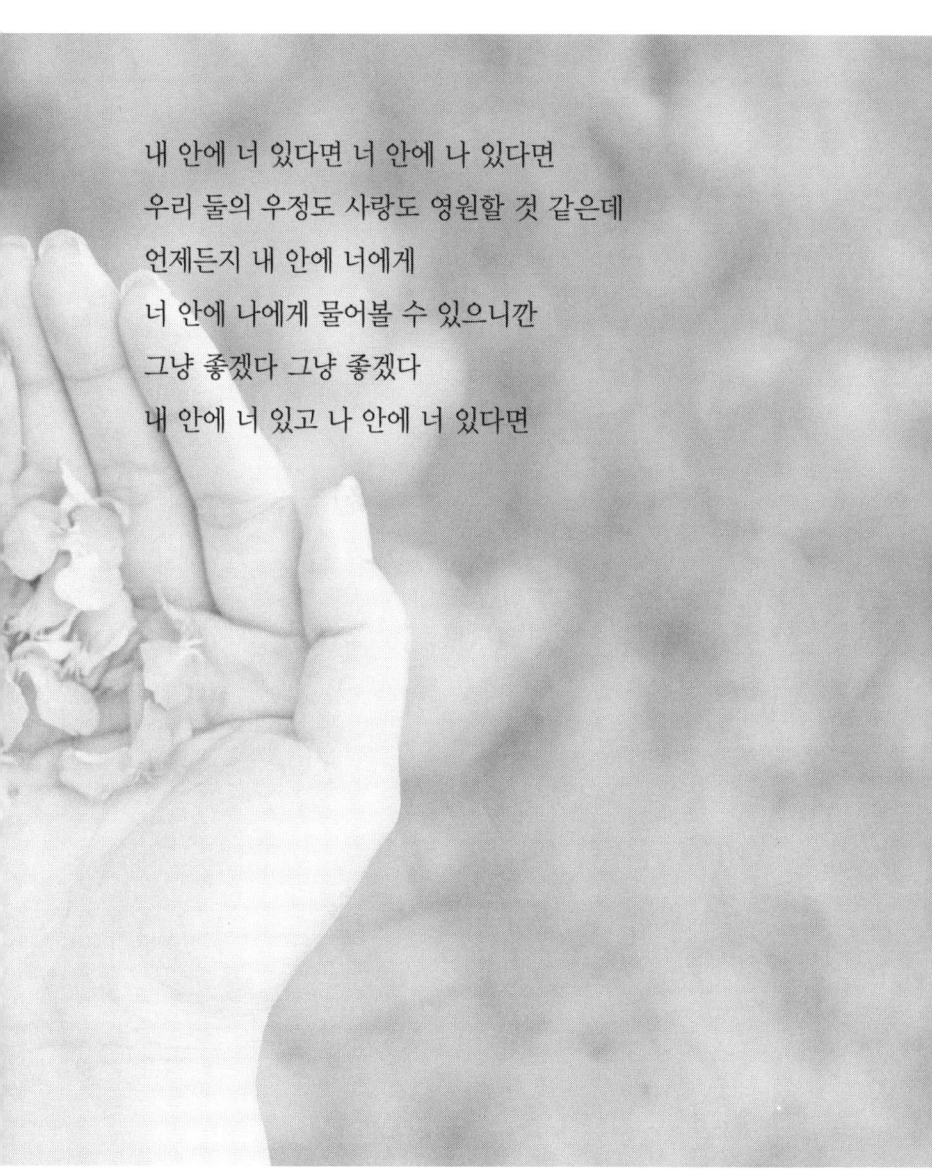

내 안에 너 있다면 너 안에 나 있다면
우리 둘의 우정도 사랑도 영원할 것 같은데
언제든지 내 안에 너에게
너 안에 나에게 물어볼 수 있으니깐
그냥 좋겠다 그냥 좋겠다
내 안에 너 있고 나 안에 너 있다면

너의 모습

기도한다 너의 꿈이 이루어질 수 있도록
소리 내어 운다 너가 있는 곳까지 들리도록
보고 싶다 꿈 이룬 너의 모습
생각한다 미래의 우리 모습
한 걸음씩 한 걸음씩 다가가는 너의 꿈
너의 곁에 같이 있지는 못하지만
너의 꿈을 위해서 두 손 모아 기도한다
먹구름이 너의 두 눈을 가려도
찬란한 태양은 미소 짓고 바라본다
격려하는 눈빛으로 천천히 바라본다
꿈을 찾는 길은 멀고도 험하지만
그 길을 넘어서면 밝은 태양이 너를 기다린다
기도한다 너의 꿈이 이루어질 수 있도록
소리 내어 기도한다 네가 있는 곳까지 들리도록

카사노바의 연인들

슬픔으로 채워진 영혼들을 감싸안는 휴식공간
외로움을 풀어주고 아픈 가슴 안아주는 안식공간
가자, 가보자 몸이 반응하는 그곳으로 찾아가자
그곳은 만인들의 휴식공간
파라다이스 사계절 상관없이
카사노바의 여인들이 기다리는 내 마음의 고향
기쁨으로 가득찬 영혼들을 맞이하는 그곳은
행복을 같이하고 슬픔을 나누어 가지는 곳
가자, 가보자 몸이 반응하는 그곳으로
여기는 연인들의 안식공간
사계절 관계없이 카사노바의 여인들이 기다리는
내 영혼의 쉼터
카사노바 나의 여인들이여
카사노바 나의 사랑들이여

* 2020년 4월 2일 정과 의리로 뭉친 3명의 여인들이 믿음으로 영업하는 아름다운 모습을 보면서. 그대들이여 계속 믿고 살아가다보면 좋은 일들만 있을 것입니다.

CHAPTER
03

화창한 봄

누군가를 그리워한다는 것은
마음 아픈 일이고

누군가를 사랑한다는 것은
행복한 일이다

누군가를 배려한다는 것은
마음이 넓다는 것이다

천일염

오늘은 바람이 분다
계룡산 계곡 사이에서
불어오는 바람은 미세먼지도 날아가고
신안 천일염은 간이주방 가스 불 위에서
고객님들의 감칠맛을 위해서
하이얀 은색 빛을 잿빛으로 물들이며 태우고 있다
참 아름다운 희생이라
우리네 인생들도
자신을 희생하면서
살아가는 일들이 많아지면 좋겠다
서로 존중하고 배려하고 사랑하는 일들
그런 일들이 힘들더라도
한 번쯤
아니
계속 이어지는 삶들이라면 얼마나 좋을까
우리 한 번쯤
천일염처럼 살아보는 것도
좋을 것 같다

대전새손병원

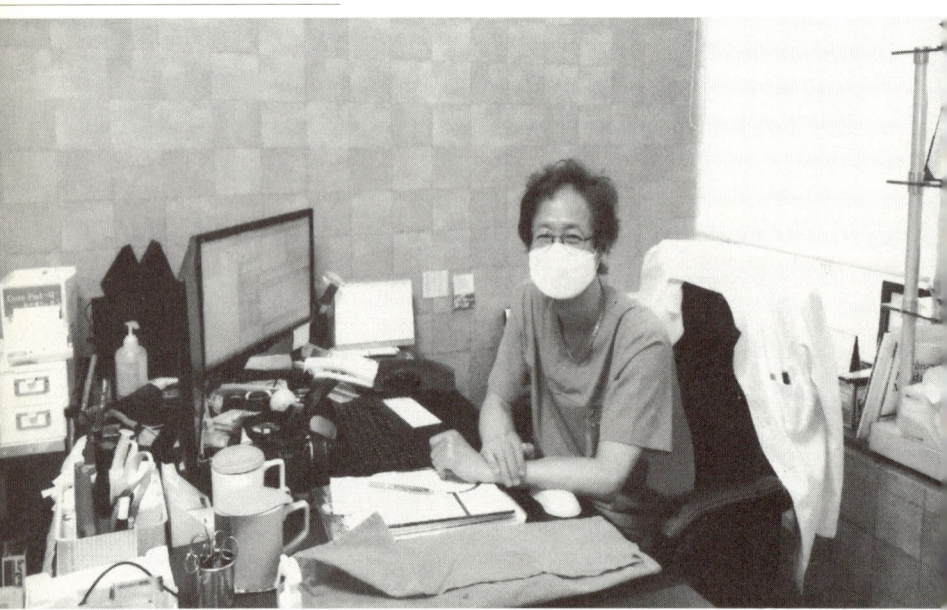

환자를 진심으로 생각하는 새손병원은
이광철 원장님 외 다섯분의 원장님,
그리고 친절한 수납처 직원분들과 방사선과 선생님들,
간호사님들 또 원무과 직원분들,
식당직원분들과 청소여사님들까지
진짜 일심동체인 것 같다.
다시 생각해보아도 멋진 병원이다.

특히 분업화가 잘 되어있고 환자분들의 상황에 따른 대처 능력들을 지켜보노라면 경이로울 때가 한두 번이 아니었다.

나 자신도 2주간 입원해 있을 때와 퇴원해서 물리치료 받을 때도 매일 새로운 친절을 항상 느꼈다. 나만의 짧은 생각일지도 모르겠지만 대한민국 최고의 병원인 것만은 확실하다.

언제든지 환자의 입장에서 면담 해주시는 이광철 원장님과 병원 관계된 모든 분들에게 다시 한번 감사의 인사를 드립니다.

다친 마음과 아픈 부위를 어루만져 주시고 완쾌 시켜주는 새손병원, 그래서 사랑하고 싶어지는 병원.

* 물리치료실에서 항상 밝은 미소로 응대해주시는 실장님과 네분의 치료 사님들을 생각하면서

우리의 맛 장맛

달력을 보면
달력을 보면
과학이 보인다
달력을 보면 선조들의 지혜가 보인다
달력을 보면 선조들의 장맛이 보인다
후손들을 사랑하고
후손들의 건강을 걱정하는
선조들의 지혜가 더욱 더 돋보인다
세계인의 입맛을 사로잡은 우리네 장맛
세계인의 요리에 빠져드는 우리네 장맛
그 누가 알았을까 과학적인 이 장맛을
그 누가 알았을까 정성 드린 이 장맛을
세계는 이미 하나의 공간 우리네 장맛은
인터넷으로 세계 곳곳으로 퍼져나가는 것을
어떤 이가 부정할까
대한민국 장맛을
이 장이 그 장이라
간장 된장 고추장

세계인의 입맛을 사로잡은 장 장 장
장하다
간장 된장 고추장
그 장맛은 우리의 기상이고
우리의 미각이다
세계는 하나의 장맛으로 통일한다
그 누구도 빠져드는 건강 발효 식품
간장 된장 고추장
이것이다 한국인의 장맛이다

김치가 좋아 좋아도 너무 좋아

누가 누가 좋아하나 우리 김치 김치를
세계인의 입맛을 사로잡은 코리아 김치
지구촌은 하나 누구나 가족을 사랑한다면
손쉽게 배울 수 있는 김치 담그기
누구나 마음먹기 나름이야 김치 담그기는
가족의 건강 이젠 걱정하지 마
발효 건강식품 김치가 해결 할 거야
살찐다고 걱정하지 마 다이어트에 최고야
배추김치 총각김치 열무김치 지역마다 특색 있는
김치가 많아서 골라 담는 그 맛도 일품이야
세계인이 즐겨 찾는 발효 영양식품 김치 김치 김치
깔끔한 맛 개운한 맛 그리고 한국인의 매운 맛
그 맛도 가지가지
지구촌 오대양 육대주의 입맛을 사로잡은 김치
그 누가 싫어할까 코리아 김치
배추김치 총각김치 열무김치 김치 김치 김치
종류도 많고 영양도 많은 건강 발효식품 김치
세계인의 입맛에 따라 배추 속 양념도 여러 가지 들어가지
누구나 먹는 피자는 짜증

누구나 찾는 스파게티는 식상
이런 피자 어떨까 요런 스파게티 어떨까
어떤 음식과도 매치가 되는 김치
김치 피자 김치 스파게티
세계인의 입맛을 사로잡아서
어떤 음식에도 매치가 되는 김치 김치 김치가 좋아
우리에게는 k-pop이 있고 한우가 있고
세계인이 사랑하는 한국인의 매운맛 김치도 있어
그러니깐 그러니깐 코리아
대한민국 김치 우리는 사랑해
I LOVE KOREA I LOVE KOREA

* 대한민국의 과학 발효 건강식품 김치를 세계인의 입맛을 사로잡기 위해서 이제부터 출발이다.

대전 효동 부산꼼장어

나는 참 좋은 걸 부산에 안 가도 부산보다 더 유명한 대전 효동에서 부산 꼼장어를 먹고 싶을 때 몸이 허할 때 언제든지 찾아오면 반겨주는 나보다 한 살 많은 형수가 진짜 맛난 소금 꼼장어 양념 꼼장어를 맛나게 해준다. 특히 SNS상에서는 진짜 맛집으로 소문난 부산 꼼장어집이다. 이런 가게가 있어서 참 좋다. 그래서 오늘도 왔다. 한 달에 세 번쯤은 오는 것 같다. 영양만점 꼼장어를 먹으러 여러분도 와보세요, 그리고 드셔보세요, 진짜 맛난 꼼장어입니다, 벌써 7년째 찾아오는 이곳은 나의 영원한 안식처처럼 행복하다.

　박영화 대표님은 27년 전 부산에서 바다를 사랑하고 좋아하는 멋진 부산 사나이를 만나서 결혼과 동시에 대전으로 삶의 터전을 옮겨 커피숍과 레스토랑을 운영하셨지만 부산 명물인 꼼장어를 잊지 못하고 고향의 맛을 알리자는 취지로 효동에 꼼장어 가게를 열면서 부산 현지보다 더욱 감칠맛나는 부산 꼼장어를 충청도 지역에 맛의 전도사로 자청하면서 전파하고 있다. 현재는 배달 문의가 많이 들어와서 준비중에 있다고 합니다.

고객님 사랑합니다

고객님 사랑합니다.
방문을 해주셔서 감사합니다.
고객님 사랑합니다.
정성을 담아서 마음을 담아서 진심을 담아서 사랑합니다.
여러분 바로 여러분이 매장을 찾아주신 여러 고객 분들께
제품을 판매합니다.
가정에서 직장에서 받으신 스트레스 풀어드립니다.
저 멀리 지구촌 밖으로 날려 보내드립니다.
우리들은 치료사 웃음 치료사 하-하-하-
마음껏 웃어 보세요.
마트에서 슈퍼에서 생필품도 구입하지만
행복 바이러스도 마음껏 챙겨가세요.
우리들은 마트맨
우리들은 슈퍼맨
고객님들을 위해서 존재하는 봉사맨
마트의 매력 설레고 기대되는 타임세일
매장이 조용할 땐 반짝 세일
고객님들의 가계부 걱정을 떨쳐드리는 가격을 묻지마 세일
여러 가지 다양한 세일과 먹거리 시식과 시음 음료 행사

다양한 이벤트로 고객님들의 입가엔 항상 스마일 웃음

그런 고객님들의 모습들을 보면 더욱 더 흥이 나는

우리들은 마트맨

우리들은 슈퍼맨

고객분 들을 위해서 존재하는 봉사맨

우리는 고객분들을 보면 먼저 인사하면 사랑합니다.

우리는 주차장에서 휴지 보면 먼저 줍고 안녕하세요.

우리는 배달 처에서 신속하게 배송하고 감사합니다.

우리는 진열대에서 빠진 제품 찾아주고 또 오십시오.

우리들은 마트맨

우리들은 슈퍼맨

고객분 들을 위해서 존재하는 봉사맨

고객들의 불편사항 눈으로 보고 귀로 듣고
즉시즉시 해결하는 우리들은 팔방미인
아무리 힘들어도 아무리 짜증나도
고객들을 위해서는 우리는 웃는 얼굴
우리들은 멋진 모습 복장단정 깨끗함에 다시 찾는 고객님들
우리들은 사랑합니다.
마음 담아 진심 담아 제품 하나 판매 할 때
내 가족이 내 친구가 구입하는 생각으로
제품 담아 사랑 담아 제품 담아 정성 담아
모든 제품 구매해서 사랑으로 판매합니다.
고객님 사랑합니다.
고객님 사랑합니다.
대한민국 마트 슈퍼 곳곳마다 사랑 넘쳐흐릅니다.
우리들은 고객님들을 사랑합니다.

미소와 친절
… 대전중부우리안과

전국 교통의 중심대전 그리고 대전의 중심 중구에는
미소와 친절을 경험할 수 있는 중부우리안과가 있다.
횟수로는 3년을 다녔지만
권두성 원장님 이하 모든 직원분들이 찾아오는 환자분들을
진심으로 대하는 것을 진료를 받으러 갈 때마다 느낀다.
진심이 넘쳐나는 미소와 친절을
원장님께는 환자분들에게 맞는 진료와 치료를
그리고 수술도
참 편한 마음으로 받게 해주는 것 같다
물론 나 자신도 그런 진료와 치료 수술을 받아서
뼛속 깊이 느껴 이글을 쓰게 되었다.
진심으로 감사드립니다.
밝은 세상을 보게 해준 눈으로
더 좋은 글과 더 맛난 요리로 보답하겠습니다.

장군님닭

　대전 동구 중앙시장에 가보면 서민들의 영양보충을 위해서 옛날가격 그대로 옛날치킨을 아주 맛나게 가마솥에 튀겨서 팔고 있다. 시장에 장 보러 오신 분들 대전역 근처에서 힘들게 살아가시는 분들 건설현장 일용직 분들의 삶의 애환을 담고 풀고 가는 장군님 닭집이다. 1층 홀이 작아서 가게앞 노상에도 테이블을 펴고 먹을 정도로 많은 이야깃거리를 가지신 분들이 쫓아오셔서 진짜 맛나게 먹고들 가신다. 나도 어느덧 그 무리들의 한사람이 된 지 횟수로 6년은 된 것 같다.
　새벽시장은 생동감이 넘친다면 이곳은 삶의 애환과 정이 넘쳐나는 것 같다. 한 달에 4번은 꼭 들르는 장군님닭집이 항상 이자리를 지켜주면 좋을 것 같다. 힘들때나 기쁠때 언제나 오고 싶은 곳이니깐.

* 2019년 10월 1일. 오늘도 다녀온 장군님닭집을 생각하면서

신바람 충남

우리들의 삶의 터전 조상의 얼이 깃든 곳
이 곳은 충남 충청남도는 지구촌 오대양 육대주의 중심
동방의 예의지국 대한민국의 중심
충남 충청남도의 기상은 계룡산의 정기가 흐르고
역사의 중심으로 흘러가는 백마강의 물줄기가 펼쳐지는
나의 고향 우리들의 영원한 나의 고향
충남 일출과 일몰을 언제든지 감상할 수 있고
한해의 시작과 한해의 마무리를 다 지켜볼 수 있는
충남의 바다가 언제든지
우리들을 기다린다
우리는 충남인 우리는 충남인
아~~~아 아~~~아
나의 사랑하는 충남이어라

계룡산 임금봉

창문 너머 계룡산 임금봉 산자락에
먹구름이 휘감기며 비를 내리고 있구나
신선들도 장기판을 거두고 비를 피해
막걸리와 파전으로 담소를 나누는 동학사 주막에는
계룡산 산행길에 지친 육신들이 하나 둘
모여들고 77억 지구촌 사람들이 걱정하는
코로나 19걱정에 이런 저런 이야기들을 나누고
다른 이들은 내일의 사회생활들을 위해서
자리를 털고 일어나고
나 자신도 이런 모습들을 보면서
지금 내리는 이 비로 오대양 육대주
모든 이들의 수많은 고통들이
비바람과 함께 사라졌으면 좋겠다고 기도해본다
모든 이들이 건강하기를 바래본다

목동 염색방

우리 동네 마실 염색방
언제나 고객 한 분 한 분에게
정성껏 염색해서 손님들이 걱정한다
여기 원장이 너무 염색을 잘해서
자주 올 필요 없다고
좋은 이야기인지 그래도 듣기 좋단다
염색장인이니깐

두런두런 모여 앉아서
이 집 이야기 저 집 이야기꽃을 피운다
나는 그 옆에서 그냥 속웃음만 띄어본다
1년에 3번 정도 오지만
늘 아침저녁으로 들르는 가게처럼
염색하고 머리 감고 나면
그 동안에 쌓인 스트레스가 확 날아간다
그래서 좋다
목동 염색방이 앞으로도
이 자리에서 손님들을 기다리면
참 좋겠다
나만의 작은 바램인가
모두의 바램일 것이다

화창한 봄

코로나19 때문에 갇혀있던 아이들과 오랜만의 봄나들이 참 좋다.
대한민국의 정통 정수기 웅진 코웨이 코디 분들과
아이들이 오래간만의 맑은 공기와 정겨움이 넘쳐나는
동학사 초입 대복상회에서 오늘 하루를 마감하고
더 나은 내일을 위해서
서로의 이야기들을 나누는 모습들이 참 아름답다.
역시 답답한 실내보다 야외에 나와서
사회에서 지친 육신을 힐링하는 것이 좋은가보다.
그래도 조심 하세요. 방심하지 마시고요.
멀리서 웅진 코웨이 코디 분들을 응원하겠습니다.
여러분 파이팅 또 파이팅입니다.

룸비니 동산

세상의 평화와 사랑을 안고 탄생하신 곳
그곳은 룸비니 동산 지구촌 만인들의 석가모니불
우리들의 부처님은 세상의 권력을 뒤로하고
평민의 삶을 선택하고 걸어가신
우리들의 석가모니불 우리들의 석가모니불
아-아-아 백팔번뇌 백팔번뇌
백팔번뇌의 사랑이어라 희생이어라 운명이어라
나의 부처님 나의 석가모니불
한 걸음 한 걸음 백팔계단을 올라가면
그곳은 세상인들의 희망, 평화, 사랑의 천상이어라
이곳은 세상인들의 삶의 터전이어라
계룡산 계곡길에 흐르는 물줄기는
주지 스님의 불경읽는 소리처럼
지나가는 불기들의 마음을 잔잔하게 만들고 있구나
나무아미타불 관세음보살

* 부처님이 계시고 우리가 있는 이곳이
  룸비니 동산인 것 같다.

헌혈 이야기

지금 우리가 할 수 있는 것은 헌혈
앞으로도 나눌 수 있는 것은 헌혈
언제나 나이가 맞고
건강만 있으면 OK OK OK

헌혈은 사랑이고
헌혈은 나눔이야
나누어주고
돌려받을 수 있는 헌혈
망설이지 마
고민하지 마

꼭 필요한 사람들에게
나누어 주고
우리가 필요할 때 YES YES YES
다시 받는 헌혈

그래서 사랑은 헌혈이야
그래서 나눔은 헌혈이야

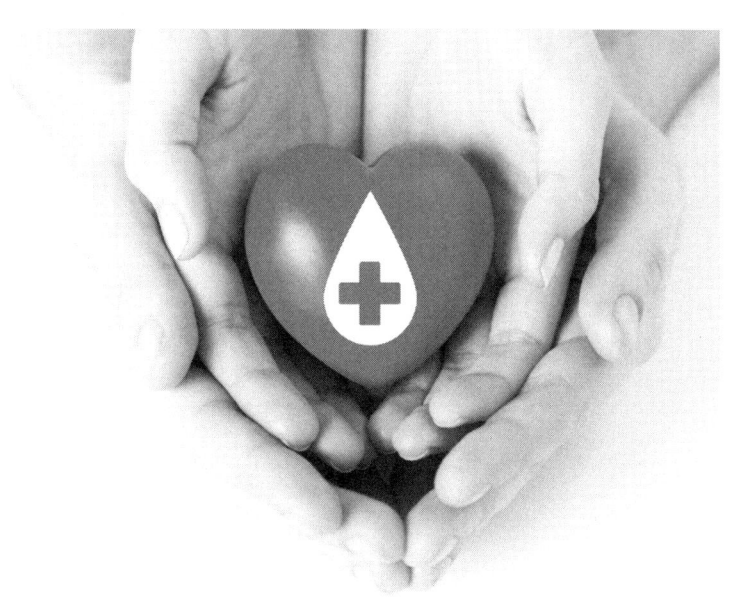

사랑과 나눔이 공존하는
헌혈 헌혈 헌혈

우리 나누어요 사랑을
우리 베풀어요 사랑을
힘들 때 주고받는 헌혈
헌혈은 사랑과 나눔이야.

감나무집 사람들

나의 짧은 감나무집은 처음 시작 할 때의 마음과
5년 동안의 노고를 누군가에게 이야기 들으면서 되짚어 보면
처음 그 마음으로 영업을 하는 것 같구나
감나무에 매달린 홍시처럼 겉과 속이 빨간 하나의 색처럼
그 마음 언제나 똑같은 것 같구나
계룡산 줄기 아래 동학사를 가다보면
힘든 산행길 속에서 느낀 육체와 정신을 주방에서 정성을 다한
수육과 백숙으로 허기를 보충하고 막걸리와 파전으로
산행 이야기와 내일을 사는 이야기
이쪽저쪽 테이블에서 담소를 나누는 모습들을 보고
손님들의 입장에서 맑은 목소리로
안녕하세요, 어서오십시오
인사하시는 사장님께서 기분 좋게 주방을 보고
전(김치부침개) 하나 외치시고 냉장고 문을 여니
'음료수 서비스' 하는 그런 옆모습들이 참 아름답다
여기 이곳 감나무집은
그래서 겉과 속이 같은 홍시 같구나
어느 가수가 부른 홍시가 생각난다
내 작은 소망을 펼칠 수 있는 감나무집

눈 내리는 날

계룡산 계곡마다 휘날리는 하얀 눈송이
너와 나의 마음속도 새하얗게 변하는구나
하얀 눈송이 산기슭 돌고 돌아
도심 속 대지를 새하얀 세상 속으로 불러들이면서

병아리 유치원생들 폴짝폴짝 뛰게 하고
누가 먼저랄 것 없이 눈 뭉치를 만들어서 던져보고
눈사람도 만들어서 방긋 웃는 얼굴들
우리도 한때는 저럴 때가 있었지
허허 하고 웃어본다
이래서 세상은 돌고 도는 것인가
참 좋다 눈 내리는 날
운전으로 생업을 하시는 택시 기사분들이랑
다른 분들에게는 교통사고의 위험이 있어서 한 편으로는
걱정 또 걱정
그래도 나는 좋다
계절에 맞게 내리는 눈
이런 눈 내리는 날들이 농사짓는 어르신들도 좋아하시겠지
겨울에 눈 많이 내리면 내년 농사는
풍년이라는 이야기들을 들은 것 같다
내년 농사 대박 나시기를
좋다
눈 내리는 날

식후경

계룡산 가는 길에 잠시 쉬어 쉬어 가는 곳
식후경은 베이스캠프 목도 축이고 허기도 달래고
앞으로의 여정을 추스르는 식후경
자 우리 여기서 다시 시작하자고요
금강산도 식후경 계룡산도 식후경
한민족 기상과 기백이 넘쳐나는
북으로는 금강산 남으로는 계룡산
그리고 여기는 식후경
계룡산 산줄기 넘고 넘어 먹구름 비바람 몰고 거침없이
식후경 뒷마당에 뿌려지고 있구나
그 모습을 초여름 먹거리 살구를 안겨준
한 그루 살구나무가 시원하게 지켜보며
가지들을 이리 저리 흔들고 있구나
이 바람이 무더위에 지친 나의 육신을
다시금 깨어나게 하는
내 마음속의 보약이네

꿈과 마음을 담아서

감나무집 뽀롱이

뽀롱이
등산객들의 발걸음을 잠시 멈추게 하는
능력이 탁월하다할까
그냥 사람들을 웃게 만든다
동학사 감나무집 손님 중에서 어린 친구가 유심히 관찰하다가
강아지가 신발을 짝짝이로 신었다 해서
우리 모두 한바탕 웃었다
인터넷으로 소문이 나서 여기 오는 손님들은
식사 후에 꼭 한 번씩 감나무집 뒷마당에 가서
뽀롱이와 잠시 즐거운 시간을 보낸다
뽀롱이는 동학사 감나무집의 마스코트다
그래서 더욱 예쁘다
사장님께서 시장 다녀오거나 외출해서 다녀오면
꼬리를 흔들면서 달려온다
그래서 더욱 예쁨 받는 감나무집 뽀롱이다
뽀롱아 사랑한다
여기서 계속 같이 살자구나

내가 언니야

참 아름답다 동학사 대복상회
네온간판의 불빛이 자매들을 비추어지면서
알콩달콩
언니는 알아듣지 못하는 동생의 얼버무림을 받아주면서
잠에서 갓 깬 동생과 어울려서
대복상회 앞마당에서 소꿉놀이 하듯이
재미있게 놀고 있다
보기 드문 광경이다
동학사 입구 대복상회
밤늦은 시간에 공기놀이 하듯이
태연한 참 예쁜 자매들
다음에 어른이 되면
꼭 이 글과 사진을 전해주고 싶다
너희들의 순진 무궁함을 사랑한다
앞마당 자매들아

대표는 힘들다, 그 안에서 보람을 느낀다

새벽별 보며 뒤척이다
오늘도 문을 연다
나 자신의 행복과
거기에 소속된 많은 이들을 위해서
창밖에 보이는 계룡산은
구름인가 안개인가
산등선을 감돌고 있다
찌뿌둥한 육체로 문을 연다
새벽길 출근하는 직원을 위해서
커피 자판기 불도 켜놓는다
한잔의 커피타임
이런 것이 서로 생각하는 마음이 아닐까?

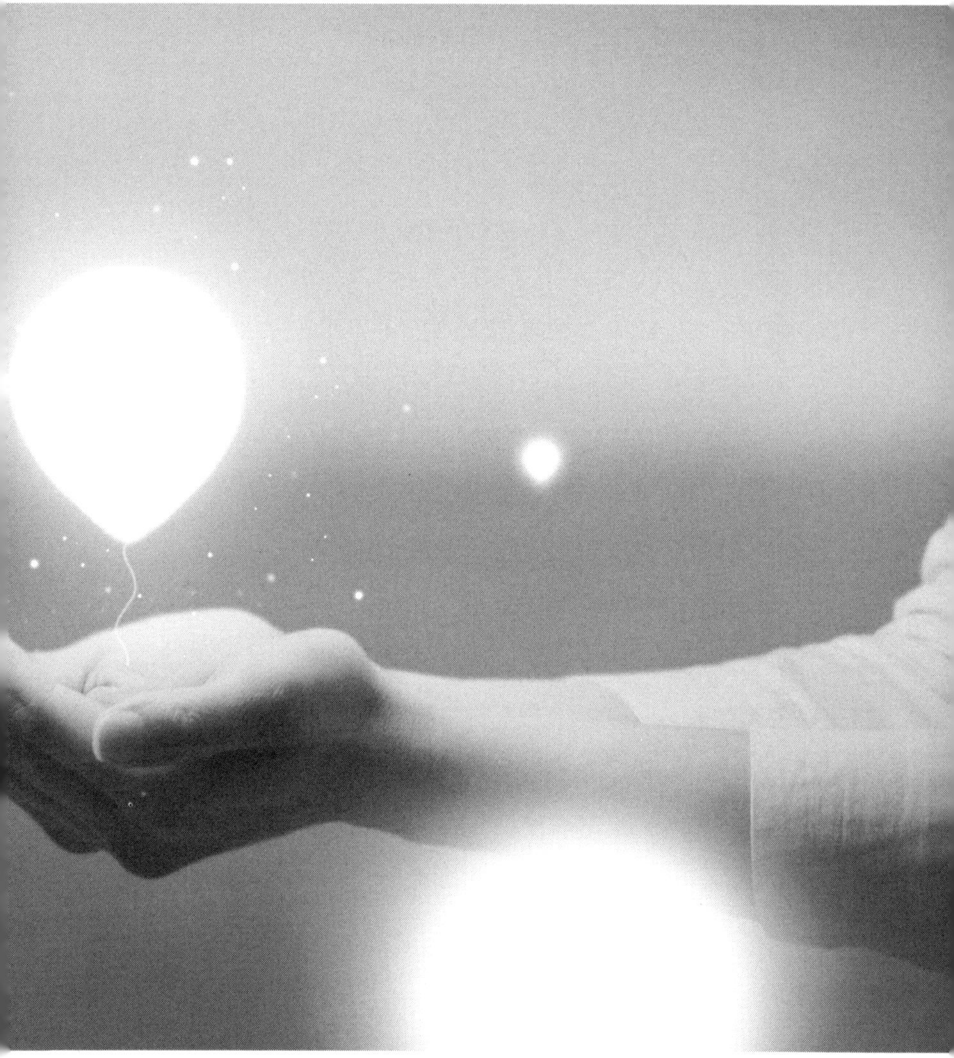

수 미용실

사랑이 넘치는 사람들이 찾아오는 곳
대전 중앙시장 수미용실 컷트가 삼천 원
대한민국 최저가 원장님 스타일링은 대한민국 최고
대전 시내 각 지역에서 그냥들 오신다
원장님 입담도 좋고 오시는 고객들 때문에
점심은 언제 먹었는지 모르고 원장님 본인은 힘들지만
우리들이 물어보면 그래도 좋단다
지금도 내 앞에서 웃음 짓는 원장님 그래서 고객들이 좋아한다
수 미용실 원장님 앞으로도 쭈욱 부탁드립니다
이 자리 지켜주세요 원장님

 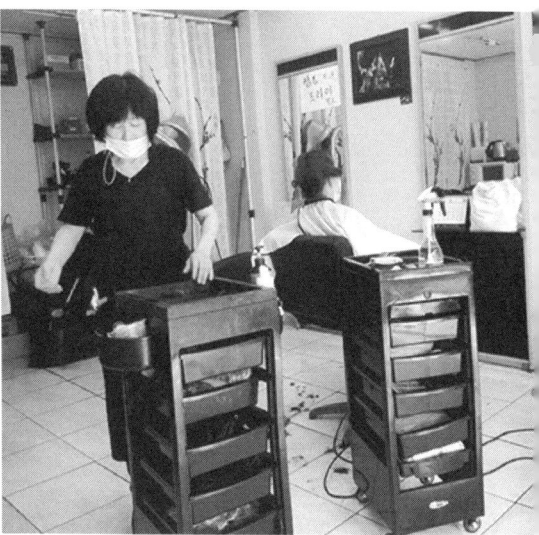

CHAPTER
04

숨겨둔 내 꿈

이런 이런 이런 일이 나에게 다가왔네
저런 저런 저런 일이 너에게 닥쳐왔네
하나 하나 풀어보자 안 풀리는 실타래 없고
안 되는 일 하나 없다
생각 생각 하다보면 술 술 술 잘 풀리네
고민 고민 하다보면 술 술 술 술 잘 풀리네
너는 너는 이런 일이 힘들다고 말했지만
우리는 똑같은 사람
한다고 생각하면 부딪치는 일 하나 없다
긍정으로 생각하자 모든 일은 생각하기 나름이다
생각이 사람을 인도하고
마음가짐이 사람을 변화 시킨다

숨겨둔 내 꿈

숨겨둔 내 꿈을 찾아서
한 발 한 발
움직여본다
안 좋았던 과거는 떨쳐버리고
가슴 속 깊이 숨겨둔 나의 꿈 나의 야망을
찾아서 미지의 길을 떠나자
그 길은 돌아올 수 없는 길이라도
나의 꿈
나의 야망을
찾을 수 있다면 아무리 힘들어도
그 길을 떠나자
추억을 간직한 채
나의 길을 떠나자
지워지지 않는 나쁜 과거는 기억 속에서
떨쳐 버리고 숨겨둔 내 꿈을 찾아서 떠나자
그 길의 여정은 멀고도 멀지만
그 길은 나의 꿈 나의 야망을
찾을 수 있는 길
떠나자 빨리

떠나자
내 꿈
숨겨둔 내 꿈을 찾아서

일 분 일 초

수많은 사람들은 인생의 역전을 꿈꾼다
인생은 역전의 역전
고정 관념을 깨고 모두 다 바라는 것은
인생의 멋진 역전을 그런 희망이 없다면
우리들 삶은 너무 힘들어 못 살 것이다
지금은 사는 것이 괴롭고 힘들겠지만
인생의 멋진 역전을 꿈꾼다
우리들은 살아간다
그런 인생의 멋진 역전을 꿈꾸며
그 동안 살아 온 삶들이 힘들었어도
일 분 일 초의 시간이 절약하면서 살아간다면
우리는 인생의 역전을 생각하면서 살아갈 수 있다
그런 인생 역전을 꿈꾸며
아무리 밑바닥 인생을 살았어도
더 이상 내려갈 바닥이 안 보여도
우리는 희망을 꿈꾼다

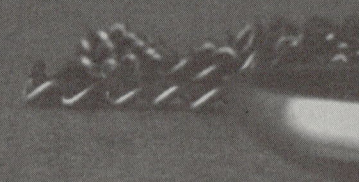

인생 역전을
일 분 일 초의 시간을 헛되이 보내지 않고
최선을 다해서 살아간다면
인생은 역전의 역전이다

오늘의 운세

십이지신이 우리를 웃겨 열두 마리 동물이 우리를 울려
십이지신이 우리를 울려 열두 마리 동물이 우리를 웃겨
일간지와 스포츠 신문의 운세가
열두 마리 동물들이 우리의 오늘과 내일을 웃게 해 울게 해
울고 웃기는 십이지신이 나오는 일간지와 스포츠 신문이
매일매일 기다려져 신문을 보면 제일 먼저 그 면을 펼치게 돼
세상살이가 힘들어서 오늘의 운세를 보면서
웃는 여유를 즐겨 오늘은 힘들어도 내일을 기대하면서
우리들 삶이 365일 힘들어도 오늘의 운세를 볼 때는
기대를 품게 돼 그래서 우리는 좋아해
일간지와 스포츠 신문의 오늘의 운세를
긍정적인 이야기가 많이 나오니깐
오늘의 운세는 우리가 어디에 있든
무엇을 하면서 보내도 기대하게 해
그래서 그냥 좋아 이유 없이 좋아
그냥 웃겨 오늘의 운세이니깐
다 믿지는 않아 그냥 오늘의 운세이니깐

오늘도 바빠

오늘도 바빠 뭐가 그리 바빠
아무 생각 없이 살아가는 너였잖아
오늘도 바빠 뭐가 그리 바빠하는 일도 없이
앉아 있는 너였잖아
이러면 안 되잖아 젊음은 흘러가고 있는데
나는 미치겠어 너를 바라보면 가슴이 터져
바쁜 척 하지 마
하는 일도 없이 그런 모습 싫어
우리가 사는 이곳은 대충 대충 사는 곳이 아니야
이제는 나이에 맞게 행동해 시간이 별로 없어
너는 흘러가는 시간을 잡을 수 없잖아
세월은 너를 기다려 주지 않아
정신 차려 이 친구야
오늘도 바빠 뭐가 그리 바빠
허둥대고 살고 있니 다시 한 번 생각해봐
네가 하는 이 행동을 이건 아니잖아
너 자신이 직접 느껴봐
너만이 알 수 있어

반성

소리 없이 왔다가
기나긴 겨울동안
얼어붙은 대지를 아무런 조건 없이
푸르름으로 물들이고
조용히 아무 일 없듯이 사라지는 봄
우리들 인연도 아무 일 없듯이
스쳐가는 세월인가 보구나
그 사연 많은 세월 속에
우리들은 일부분이고
많은 일들이 만들어지고 사라지는구나

좋은 법 우리 법

좋아 좋아 좋아 법을 지키면
그래 그래 그래 좋은 법인걸
폭력 뒤에 법이 있고
질서 뒤에 행복 있네
우리 모두 지키는 법
어느 누가 싫어할까?
우리 모두 따르는 법
어느 누가 몰라할까?
지켜 지켜 지켜 나갈수록 좋은 법
생각 생각 생각 하면 좋은 우리 법
너도 나도 솔선수범 지키는 법
행복해지는 국가
건강한 국가
우리 모두 법을 지키면
꿈과 희망과 미래가 있는
이런 나라 우린 좋아
이런 법이 우린 좋아

바람이 분다

바람이 분다
비바람이 먹구름을 가득안고서
해운대 앞바다에 몰려온다
벌써부터 방파제는 거친 파도가 내리치고
해변가 연인들은 하나 둘씩 걸음을 재촉하면서 빠져나간다
나는 그 모습들을 스페인 음식점에서
처음 맛보는 느끼한 음식과 한잔의 생맥주를 마시면서
비 내리는 해운대 앞바다를 바라보고 있자니
나 자신 여기서 무엇을 하는지
참 답답하다
그냥 생맥주를 벌컥 마시고
비 내리는 바다로 뛰어들어가고 싶다
왜 용기가 안 나는지
멍청한 놈 바보 같은 놈
속으로 외쳐본다

비 내리는 날

먹구름 뚫고서 비 내린다
우리네 사랑도 이럴 수 없을까?
어느 누가 막아도 내리는 빗줄기처럼
오늘은 대지에 내리는 비 맞으면서
하염없이 거닐어본다
어느덧 해운대 방파제 앞 파도가 친다
하이얀 거품을 머금은 파도가 세차게 방파제를 내리친다
하이얀 거품이 이리저리 휘날리면서
세상에 할 말이 있는 듯 외치는 것 같다
사람아 사람아
우리네 인생은 눈 깜짝할 사이 지나가는 것이라고
지금 이 시간도 아둥바둥 사는 사람들아
그 속에서 행복을 느끼고 사랑을 느끼는 인생들아
내 눈에 비추어 지는 파도는
그렇게 외치는 듯이 하이얀 파도가 방파제를 세차게 내리친다
꾸짖듯이 세상을 향해서
사람아 사람아
한치 앞도 모르는 인생들아

나는 나

힘없어 돈 없어 사랑도 없어
하지만 그래도 나는 나야
누가 뭐래도 나는 나
이제는 내가 알아서 살 거야
다시 한 번 시작할 거야
한 계단 한 계단 밟고 올라갈 거야
과거를 밟고 희망과 미래를 찾아서
더 나은 나를 찾아본다
밝은 세상 빛을 따라가리라

마음

옷깃을 스쳐가는 봄바람처럼
나에 대한 너의 마음도 변하는 것인지
같이 산 인생의
시간이 길다면 긴 시간인 것을
봄바람 속에
봄 향기 맡으면서
오늘도 생각해본다
나에 대한
나의 생각을

가치

사람들은 서로의 가치를 알아보는
사람을 만나는 것이 행운이라
반백년 살아온
우리들은 살아오는 과정에서
그 가치를 인정해주는 사람들을 만났을는지
나 자신 궁금하다
인생을 살아오면서
상대방의 가치를 얼마만큼 알고 살고 있을까?
새삼 가치의 중요성을 되새겨본다

연모

스산한 바람 부는 한적한 길
한 걸음 한 걸음 걸어가다
하늘을 쳐다보니 비를 머금은
구름 가득하나
심안의 눈으로는
달빛 별빛이 비추어지는 구나
연모하는 마음이 이런 것이
아닌 것인지
내 마음의 눈
심안으로 보는 세상
참 아름답구나
늦은 밤 밤하늘에
떠있는 달님과 별님 보면서
너를 생각해본다

기다려지는 봄

걸어갈까 달려갈까 봄 봄 봄
모두 다 기다리는 봄 봄 봄
추운 겨울 보내고 맞이하는 봄
새로운 시작을 알리는 봄
우리 모두 다 함께 봄의 축제를 펼쳐보자
얼어붙은 대지를 녹이고 솟아나는 새싹처럼
우리들 인생도 다시 한 번 목적을 가지고 나아가자
그냥 그런 누구나 가는 인생보다 목적이 있는
그런 삶을 살아가자
봄에 뿌린 씨앗들이 가을이면 추수하듯
우리들 인생에도 씨를 한 번 뿌려보자
그 씨앗들이 자라나면
언젠가는 삶의 목적에 열매를 맺어보자
아- 아 봄이 오면
아- 아 가을이 온다
우리들은 새로움을 위해서 봄을 기다린다
우리들은 희망을 갖기 위해서 봄을 기다린다

우리들 인생도 봄을 맞기 위해서 움츠린 어깨를 펼쳐본다
이제 다시 시작하자 우리네 인생도 봄은 온다
아- 아 봄이 온면
아- 아 가을은 꼭 온다

열 손가락

옛날 어르신들 말씀 중에
열 손가락 깨물어서 안 아픈 손가락 없다했는데
나는 나는 오른쪽 검지가
오늘 많이 아프구나
냉면 반죽 만들다
반죽기에 쏘오옥
아야 아야야
그래서 나는
오늘도 글을 쓰는구나
아픔을 승화해서 글로 표현해본다
나머지 아홉 손가락이
애처롭게 쳐다보며 달래주는
아름다운 모습들이

비야 내 마음속에 내리는 비

내 마음속의 비야 언제나 우리가 필요 할 때
대지에 내려 주는 비
농부의 마음 달래주듯
내 마음 달래주는 비
너를 생각하면서 속절없이 걷던
그 길이 떠올려지는 구나
무더위를 날려주고
옷깃을 스치는 시원한 바람도 함께 주는 비야
너는 정녕 나를 버리지 않는구나
세상의 시름 달래주듯
내 마음 달래주는 비야
이제는 내 마음도 너와 같구나

장마

아-하
장마가 시작이구나
장맛비가 무더운 초여름 날씨
아스팔트 위에 쉴 새 없이 떨어지면서
"더위야 잘가" 라는 말을 전달하는 것 같다
참 시원하다 뒷 산 계곡바람과 비를 몰고 온 비바람이
내 몸 안의 더위를 잠재우고 있구나
참 좋다
이번 장맛비는 경제난에 허덕이는
대한민국의 시름도 날아갔으면 좋겠다 참 좋겠다
더위도 순간이고
추위도 순간이고
우리네 인생처럼
지나가는 시간과 세월들을 후회하지 말자

세월

새벽녘 망망대해
뱃전에 부딪히는 파도소리가
나의 귓가에 울린다
뱃전에 부딪혀서 사라져가는
파도는 할 이야기가 있는 듯
새벽녘 별빛에 반짝거린다
지나간 세월로 다시 돌아가고 싶지만
떠나간 세월은 다시 돌아오지 않는구나

이젠 그만해

너는 알아 너는 알아 너는 알아
너의 잘못을 철이 없는 행동이라고 이해하라고
이젠 그만해
너는 이제 미성년자가 아니야
너를 지켜줄 것은 아무것도 없어
그러니 이젠 그만해 철이 없는 행동들
이 핑계 저 핑계로 빠져 나가려고 하지 마

너는 이제 성인이야
제발 그만해 제발 그만해
철없던 시절들의 행동들은 이제는 잊어버려
아무도 너를 감싸줄 수 없어 이젠 그만해
징검다리 돌도 두들기면서 확인하고 건너야해
아는 길도 물어보고 가야 되듯이
철없던 행동은 이젠 그만해 빗나가는 너의 행동들을
너를 철없다고 용서할 수 없어
미성년자보다도 못한 너의 행동 이젠 그만해
너의 인생은 너만이 개척하고 살아갈 수 있는 거야
아무도 너의 인생 살아주지 않아 이젠 그만해
마지막 부탁이야
제발 그만해
이젠 그만해

반달

빌딩 숲 사이로 떠오른 반달
지나온 날들을 생각하면서 바라보고 있으니
반달이 쑥스러운 듯 고개를 숙이며
건물 뒤편으로 사라져간다
아쉬움에 고개를 돌려 그 동안 적어온 글들을
읽어 내려가는데 반달도 내 모습이 궁금했는지
고개를 내밀어 내 방 창가를 비추고 있다
아- 하
반달 안녕
너도 내가 보고 싶었구나
나 역시 너가 궁금했단다
우리 친하게 잘 지내보자 짧은 밤이지만
언제 또 바라볼지 모르는 내 친구 반달
나만의 하룻밤 친구
고맙다 반달아

황혼의 즐거움

어차피 시작한 나의 인생은 그 누구도 막을 수 없어
나의 인생은 처음부터 즐거움이야
하루- 하루 힘들 때도 있었지만
누구나 겪어가는 인생의 한 부분이야
지나고 나면 지나고 나면 아무것도 아니야
인생에 있어 잠시 잠깐 힘들 뿐이야
나의 인생은 실패도 있었지만 그 누구도 원망을 안 해
어느 누가 저질렀던 내가 책임질 일들이야
그 누구도 지나고 나면 신경 쓰지 않아
아무나 겪는 일들이니깐 내가 내가 너무 힘들 때
도움도 받고 싶지만 참고 참고 또 참아야지
다짐을 했지 다시 찾을 행복한 황혼을 위해서
일 년이 지나고 이 년이 지나고
십 년이 지나고 이십 년이 지나서
내 나이가 황혼이 되었지만 나의 황혼은 즐거움이야
이제부터 시작이니깐 가진 것은 없지만
마음만은 부자야 생각만은 부자야
나의 황혼은 즐거움이야

겨울 바다로

가야한다 가야한다 마음이 가는 곳으로
가야한다 가야한다 정신이 가는 곳으로
나는 간다
파도가 있고 낭만이 있는 곳
겨울 바다로 그 곳은 그리움이 남아있고
그 곳은 꿈과 희망과 미래가 있다
그 겨울 바다 하얀 거품이 있는 파도에 취해서
한 잔 술을 마신다
너와 나는 그 술잔에 과거를 부어 마시자
그리고
지난 일들을 씻어 버린다
우린 그냥 그렇게 밤을 지새우자
꿈과 희망과 미래를 상징하는 일출을 기다리면서
과거를 내 못난 과거를 날려 보내자
가자 그런 겨울 바다로
저 멀리 먼 바다에서 꿈을 안고 불어오는
세찬 희망의 바람으로 미래를 생각하자
가야한다 가야한다 그런 겨울 바다로

떠오르는 일출을 보면서 뜨거운 가슴에
와 닿는 전율을 느껴보자 뜨거운 피를 느끼자
가자 떠나자 그런 겨울 바다로

* 정동진 겨울바다 수평선에 떠오르는 일출을 생각하면서

눈물 이야기

눈물이 나오네요 서글픈 눈가에서
한 잎 두 잎 떨어지는 꽃잎처럼
하늘이 울고 있나 흐르는 눈물 보고
꽃잎이 떨어지나 내 아픈 모습 보고
구름 사이 빗방울이 바람에 휘날리네
어디 가서 말해볼까 내 아픈 내 마음을
어디에서 들어줄까 내 인생 내 이야기
달님도 울고 있나 구름이 가린다고
바람이 마음 알고 구름을 밀어낸다
온갖 세상일들 그 누가 들어줄까
못다 한 내 이야기 그 누가 이해할까
눈물이 나오네요
창백한 눈가에서
어느 누가 그 마음 알아 내 눈물 닦아줄까
어떤 이가 내 마음 알아 내 아픔 만져줄까
달님 가린 구름은 바람이 날려 보내고
내 눈물은 내 님의 마음이 닦아 준다네

나도 내가 싫은데

나도 내가 싫은데
나 자신이 저지른 잘못 때문에
나도 내가 싫은데
어느 누가 나를 이해하고 좋아할까
아무런 생각없이 저지른 나의 잘못을
그 누가 이해하고 용서하고 덮어줄까
나도 내가 싫은데
어차피 벌어진 일들이라
이해하고 용서하라고 두 손 모아 빌어볼까
누구에게도 용서를 받지 못해도
너를 향한 나의 마음 때문에 벌어진 일들이라고
너 앞에서 무릎 꿇고 빌어볼까
그래도 용서가 안 될 텐데
가족들이 이해할까 친구가 이해할까
어느 누가 이해할까 어느 누가 용서할까
나도 내가 싫은데
나도 내가 싫은데

여명의 아침

우-우-우
우-우-우
갈매기가 날아다니는 잔잔한 바다를 항해하는
바다의 전사들 파이프 담배를 물고서 낭만도 즐기고
커피한잔의 여유도 즐기면서
저기 멀리 수평선 너머 떠오르는 태양빛을 온 몸에 흡수하며
에너지를 충전하고 목적지를 향해 전진하는

바다의 전사들 거친 비바람이 높은 파도가
전사들 가는 길을 막아서도 거침없이 전진하는
바다의 전사들 그들이 가는 곳은 꿈과 희망과
미래가 있기 때문이다
바다의 전사들은 항해한다
거침없이 망설임 없이
거친 비바람과 높은 파도가 그들을 막아서도
그들은 가야한다 그들만의 뚜렷한 목적을 위해서
바다의 전사들에게는 대한민국이 있고
그 안에 가족이 있기 때문이다
거친 비바람과 높은 파도가 바다의 전사들을 막아서도
그들은 간다
대한민국 발전을 위해서
거친 비바람과 높은 파도가 삼킬 듯이
바다의 전사들을 막아서도
그들 앞에는 여명의 아침이 밝아온다
그들 앞에는 조국의 앞날이 기다린다
그들 앞에는 가족의 미래가 걸려있다
그래서 전진한다

믿거나 말거나

아무리 힘들어도 웃을 일은 생기지
그 맛에 살아가는 것이
우리네 인생이 아닌가
그런 인생이 담겨져 있는 곳
일간지와 스포츠 신문의 오늘의 운세
가정에서 직장에서 열두 마리 동물들이
각자의 때를 가지고 희망이 있는
그 날 그 날의 운세를 읽어본다
우리네 세상살이가 뜻대로 안 되니깐
오늘과 내일의 희망을 가지고
우리는 일간지와 스포츠 신문의 운세를
오늘도 제일 먼저 펼쳐본다
오늘 안 되면 내일은 되겠지
그런 희망을 가지고
오늘의 운세는 가진 자도 없는 자도
누구나 즐겨보는
일간지와 스포츠 신문의 일등 면이지

믿거나 말거나

믿거나 말거나

그래도 우리들은 어디에 있던

일간지와 스포츠 신문의 오늘의 운세

믿거나 말거나

믿거나 말거나

오늘도 내일도 읽어본다

희망을 찾아서

오늘의 운세

오늘은 좋은 일만 생기라고

지구촌 마당이 되자

기억나니 기억나니 우리도 한 번 잘 살아 보세
의지의 구호를 외치면서 이역만리 머나먼 길
독일로 떠나가신 대한민국 선배님들
그리운 선배님들 눈가에 미소 짓고 걱정 말란 눈빛으로 오른
손에 잡은 태극기를 양쪽으로 흔들면서 떠나시던 그 모습들
그런 기억들이 떠올리면서 두 주먹 불끈 쥐고
아- 아 다시 한 번 잘 살아 보세
새마을 정신으로 이룩한 선배님들의 노고로
이제는 기반을 다졌으니
대한민국 나가는 길 어느 누가 막으랴
지구촌 곳곳에서 세계를 지휘하는
대한민국 선배님들 그 뜻을 기리어서
아-아 다시 한 번 잘 살아 보세
우리 가는 앞길에는 대한민국 지키는
전설의 용이 앞장서고 뒤에서는 유엔과 세계은행 k-pop과
한류가 뒤따르니
아-아 대한민국 나가는 길 어느 누가 막을 수 있나

지구촌 오대양 육대주가 동방의 해 뜨는 나라 대한민국
주목하고 있으니
우리는 지구촌의 지붕이 되고
우리는 육대주의 울타리 되어
어려운 이웃나라 도와주는
동방의 빛 대한민국
아-아-아 그 누구도 존경하는
대한민국이 되자
아-아-아 그 누구도 사랑하는
동방의 등불 되자
아-아-아 그 누구도 뛰어노는
지구촌 마당이 되자

세계 속의 한국

우리들이 기대하는 앞으로의 5년은 새로운 시작이다
대한민국 미래가 걸려있는 5년이다
아- 아- 아- 다함께 힘을 합쳐 지구촌에 우뚝 솟는
대한민국 만들자
하나씩 하나씩 풀어가자
서둘지 말고 좋은 생각은 받아들이고 지역감정 풀어 나가고
서로가 양보하자
서로가 이해하자 먼저 손을 내밀고 머리를 맞대자
그 길은 대한민국 100년의 시작이다
서로 서로가 칭찬하자 맞잡은 손은 대한민국의 앞날이다
지구촌 오대양 육대주가 하나가 된다
세계 속에 우뚝 솟는 대한민국
지구촌의 일등 나라 지금 시작이다
대한민국 100년의 시작이다
아- 아- 아- 대한민국은 동방의 등불이다
아- 아- 아- 대한민국은 세계의 하늘이다

학림사의 종소리

계룡산 동학사의 학림사는 내가 낮에 열심히 일하고 퇴근 후 하루를 정리하면서 잠깐 잠깐 메모한 글들을 정리하다보면 학림사 새벽 3시에 새벽 예불을 알리는 종소리를 들으면서 내 나름의 하루를 마무리한다. 어느덧 그렇게 흘러간 7년이라는 시간들이 내 자신을 돌이켜보는 세월이었던 것 같다. 그래서 여기를 못 떠나고 머물러 있고 여기가 나의 마지막 정착지인 것 같다. 맑은 공기와 맑은 물이 흐르는 이곳은 나 자신의 무릉도원이다. 그래서 이곳이 참좋다.

* 2020년 1월 1일 첫날, 학림사 새벽 예불종소리를 들으면서

법을 지키면

우리들이 만든 법
우리가 지키는 법
폭력을 행사하면 법에 따라 처벌받고
약한 이웃 괴롭히면 법에 따라 처벌받고
약한 이웃 도와주면 법에 따라 상장 받지
우리들이 사는 곳
법 지키면 행복한 세상
우리들이 사는 곳
법 위반은 불행한 세상
그냥 그냥 생각하고
대충 대충 넘어가면
후회하고 눈물 흘려도 그 때는 이미 늦어
법의 심판 기다리네
우리들이 사는 세상
법 지키면 행복한 세상
깊이깊이 생각하고
고민 고민 하다보면
좋은 일만 생기는 우린 좋아

우리 모두 지키는 법 즐거운 세상
우리 모두 따르는 법 행복한 세상

사랑의 녹색신호등

김우종 시와 에세이

꿈과 마음을 담아서

발 행 일	2020년 10월 20일
지 은 이	김우종
펴 낸 이	이영옥
편 집	김보영
교 정	양홍미
펴 낸 곳	도서출판 이든북
출판등록	제2001-000003호
주 소	(34625) 대전광역시 동구 태전로 30 광진빌딩 2F
전 화	042 · 222 · 2536
팩 스	042 · 222 · 2530
이 메 일	eden-book@daum.net

ⓒ 김우종, 2020

ISBN 979-11-90532-71-6
값 12,000원

· 잘못된 책은 바꾸어 드립니다.
· 이 책 내용과 그림 전부 또는 일부를 재사용하려면 반드시 저작권자와
  이든북 양측의 동의를 받아야 합니다.

이 도서의 국립중앙도서관 출판예정도서목록(CIP)은 서지정보유통지원시스템 홈페이지(http://seoji.nl.go.kr)와
국가자료종합목록 구축시스템(http://kolis-net.nl.go.kr)에서 이용하실 수 있습니다. (CIP제어번호 : CIP2020043391)